JN033288

ネコは言っている、ここで死ぬ定めではないと

春日武彦
穂村弘
ニコ・ニコルソン

イースト・プレス

ネコは言っている、ここで死ぬ定めではないと

ネコは言っている、ここで死ぬ定めではないと　目次

序章 俺たちはどう死ぬのか？

第1章 俺たちは死をどのように経験するのか？

第2章 俺たちは「死に方」に何を見るのか？

第3章 俺たちは「自殺」に何を見るのか？

第4章 俺たちは死を前に後悔するのか？

第5章 俺たちは死にどう備えるのか？

第6章 俺たちは「晩節」を汚すのか？

第7章 俺たちは「変化」を恐れずに死ねるのか？

第8章 俺たちは死を前に「わだかまり」から逃げられるのか？

第9章 俺たちは「死後の世界」に何を見るのか？

第10章

俺たちにとって死は「救い」になるのか？

第11章

俺たちは「他人の死」に何を見るのか？

終章

俺たちは、死にどんな「幸福」の形を見るか？

表紙絵画　河鍋暁斎「惺々狂斎画帖 第十三図 化猫」（１８７０年）より。本書２４８頁参照。

序章
俺たちはどう死ぬのか？

三鷹駅
MITAKA STATION
東京の
とある街

古い
マンションの
一室

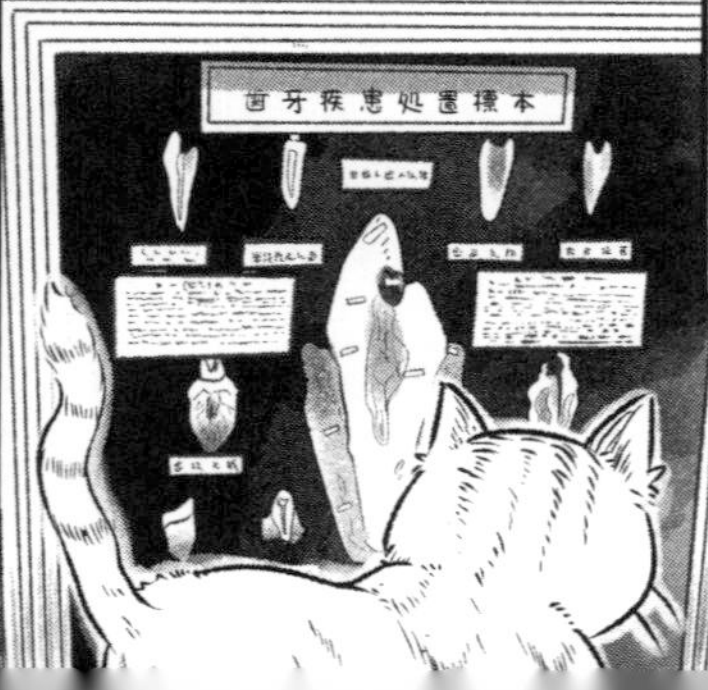
歯牙疾患処置標本

奇妙
きてれつな
物と

ぴちりと並ぶ
本の群れ

革張りのソファに腰掛け楽しげに話すのは
歌人とこの部屋の主の精神科医
俺たちはどう死ぬのか
びくっ
生きるのは数十年死ぬは一瞬
線と点の関係
生
死
だから「俺たちはどう死ぬのか」は
「死ぬまでにどう生きていくか」ってことだよね
うふふお試し期間3か月ぐらい欲しいけどね
「葬式で何人泣いてるかな」なんてチラっと見たり
リスカの人はそんな感じなのかな

理想的な死って
最晩年でもたくさんの人に影響がある
迷惑をかけられる死
死ぬ間際
井伏鱒二の「山椒魚」では
野坂昭如は書き直しに激怒
魚…
何それ食べれるの？
パルマ山天文台
死が近づくことで整う人はいる

生きているうちに死ぬことを考えるなんて
人間はへんてこだね
わたくしは快適な寝床と
腹がふくれる飯があれば十分
と。

「おじさん」という斜め上の存在

春日　新型コロナ禍真っ只中の今、「死」をテーマにした対談をやろうというわけだけど、なんだかすごいタイミングになってしまったね。

穂村　本当にびっくり。狙ったわけでもないのにね。

春日　何年か前に『君たちはどう生きるか』というベストセラー本があったけど、俺たちの場合は、さしずめ「俺たちはどう死ぬのか」ってところかな。

穂村　あれは編集者・児童文学者の吉野源三郎（1899〜1981年）が1937年に発表した小説を、羽賀翔一が漫画化した本だったね。友だちを裏切ってしまって悩んでいる主人公の少年が、編集者のおじさんがくれた人生指南的な内容のノートを読んで立ち直っていくお話。主人公とその友だち、そしておじさんとの物語が漫画で描かれていて、合間合間にくだんのノートの文章が挟まれる構成だった。原作は名著とされているとはいえ、だいぶ昔に書かれた作品だし、今となってはかなり素朴な内容だと思うんだ。いきなり余談めいた感じになってしまうけど、なぜあんなにヒットしたんだと思う？

春日　俺はね、あの本で一番人の心をくすぐったのは、主人公を導く「おじさん」の存在だと思うんだ。この人の位置づけが大事なんじゃないかな。それで思い出すのが、昔

『「おじさん」的思考』の著者でもある思想家・武道家の内田樹さんとやった対談でさ。彼は「今の核家族っていうのは、あれは家族じゃないんですよ」って言ってたんだよね。

穂村　へえ、どうして？

春日　核家族っていうのは、一組の夫婦とその未婚の子どもから成る家族の基礎単位のことだよね。日本では、戦後の高度経済成長の過程で増えてきた。だいたい父親・母親・子ども1、2人くらいの形が一般的だと思うんだけど、これほどの小規模な集団では、関係性は単なるパワーゲームにしかならない。それじゃあ、本当の意味での「家族」の体をなさないのでは？　というわけ。

穂村　まあ、最初は絶対的に親の力が大きくて、子どもはそれに従うという構造になるよね。

春日　そうそう。子どもが小さいうちは親が怒鳴りつけて言うことを聞かせてるんだけど、子どもが成長して力をつけると、時に親に向かって暴力を振るったり、「俺がこんなになったのはお前らのせいだ！」ってキレたり、ドアを閉ざして引きこもりになったりするわけ。つまり、力が常に親と子のどちらかに傾いているから、バランスが悪いんだよね。じゃあ、どういうのが健康的な関係なのかというと、そこにおじさんのような「外部」が入ってくるのがいいんだって。

穂村　親戚だから本当の意味での他人ではないけれど、その分、他人よりももうちょっと事情が分かってて、ちょうどいい塩梅なんだろうね。近すぎず、遠すぎず。

春日 そうなんだよ。そういう、ちょっと斜め上の存在が家族に入ってくることで、絶対的である親の力が相対化されるんだよね。親が偉そうなこと言っても、「そんなこと言ってるけど、お前も子どもの頃は○○だったじゃないか（笑）」みたいな茶々を入れて、いい具合に親の権威を失墜させてくれる。あとは、ちょっと悪いことを教えてくれるのも、だいたいおじさんだよね（笑）。だからこそ、子どもも懐くんだろうし。

穂村 不良っぽい音楽とか、海外から変てこなお土産を買ってきてくれるとか、そういうのね。

春日 ロックとかギターとか、サブカルっぽい本とかさ。で、やっぱり俺もそういうおじさん的な存在って必要だと思うし、薄々みんなもそう思っているからこそ、あの本はヒットしたんじゃないかな。

「理想的な死」に導いてくれるのは誰？

穂村 そういうおじさん的な存在って、けっこういろいろなところで描かれてるよね。『サザエさん』のノリスケさんも昔は磯野家に居候してたらしい。

春日 「おじさんの需要」に気づいてる目ざといヤツがいて、その時々でそういう作品を世に送り出すんだろうね。最近だと『ぼくのおじさん』（２０１６年）という映画があったな。北杜夫（１９２７～２０１１年）の同名小説が原作で、松田龍平がおじさんの役だった。全然ヒットしなかったけど。

穂村　どんなおじさんなの？

春日　主人公の少年の家に居候してるんだけど、大学で臨時講師として哲学を教えてて、何かと屁理屈をこねるんだよ。で、少年をダシに小遣いをせしめたりしながら、ダラダラ漫画読んだりしてて。親とか権威の側にいない大人で、無責任なところがあって、でも実はいろいろな世事を知っている——これが「理想のおじさん」の基本条件だよね。

穂村　そういう存在が、自分の人生を導いてくれるということへの憧れ、とでもいうか。じゃあ、「どう生きるか」の対極にあるともいえる、「俺たちはどう死ぬのか」というテーマになると、そのへんはどうなるんだろう？　導いてくれるおじさん的な存在っているのかな？

春日　どう死ぬのかなんて誰も教えてくれないよね。

穂村　そうだよね。「死」を知っているのは死んだ人だけだもの。

春日　導いてくれるヤツっていったら死神くらいなもんで、まあ世話になりたくないよね（笑）。人から教えてもらえない以上、自分で考えるしかないわけで、そうなると死は、やっぱり「個々人のもの」ということになるのかな。

穂村　『君たちはどう生きるか』みたいに、「こうあるべき」とか、社会的にもとりあえず多くの人が「まあ、そうだよな」と納得できるような、共有できる答えがないってことね。

春日　で、結局「人それぞれ」っていうのが、面白いところでもあり、共感して安心できないからツラいところでもある。

穂村　どう死ぬのか――つまり、死へのスタンスが「人それぞれ」ならどう死んでもいいはずなのに、なかなかそんなふうに腹は括れない。できれば、理想的な死というものに導いてくれる人がいたら楽だけど、そのことに一番詳しいであろう死神が「死」について教えてくれる時って、もう自分ではなにもできない。リハーサルとかお試しとかなくて、ぶっつけ本番だから。「どう死ぬのか」というテーマは、来るべき死に対して、どういう心構えをすべきか、ということなんだと思うんだけど、死神が来ちゃった時点で即終了だもん。

春日　だから、死神に教わるのではない形で、どうやって死というものを自分事として考えればいいのか。それを模索していくのがこの対談、ということになるのかもね。でもさ、「どう生きるか」というのは、まあ考えられると思うのよ。一方で、「どう死ぬか」っていうのは、実際問題、考えることが可能なのか？　と疑ってしまう自分もいて。そもそも人がコントロールできるようなものじゃないんじゃないの？　って。

穂村　確かに、自分ではコントロールできないものだからこそ怖いし、みんなついつい気になってしまうという側面はあるよね。

「どう生きるか」と「どう死ぬか」は非対称

春日　さっき「死へのスタンス」という言葉が出たけど、そういうのって、意外と決まらねぇなと俺自身は思っていて。というのは、もうね、日によって違うんだよ。「誰にも知られずひっそり死にたい」と思ったその翌日には、「ああ、劇的に死にてぇな」に変わっていたりする。また別の日には「世の中に中指を突き立てて死にたい」くらい攻撃的な感じなのに、翌日には「妻が幸せでいられるような形にしたい」みたいに急に殊勝なこと考え出したりして。

穂村　その日の気分で変わっちゃう。

春日　そうなの。「死んだ後にポルノ見つかったらやだなぁ」が「いや、死んだら関係ねぇよ」になったりして、全然一定しないんだよ（笑）。でも俺としては、その揺らぎこそが「文学」なんだと思ってるんだけどさ。

穂村　過去に「死」をテーマとして扱った文学作品というのは、それはもうたくさんあるわけだよね。また、作家が死の直前に書いていた遺作みたいなものもあって、それを書いている時、その人は限りなく「死」に接近しているようにも思える。だから、そういった過去の人たちが残したものが参考になるかもしれない。

春日　これまでの「死」を描いた作品群が、「おじさん」の役割を果たしてくれるかも、ということね。

穂村　うん。でもさ、考えてみると、そもそも「どう生きるか」と「どう死ぬか」は非対称なんだよ。自分がこれからどのくらい生きるのか――つまり自分の持ち時間みたいなものって、今50代ならあと20年くらいかな、みたいに何となくイメージできるじゃない？　それだけの時間があるなら、こういうふうにしていくと理想の姿に近づけるかな、みたいに逆算ができる。

春日　不慮の事故とか、突然病に倒れるみたいな形で、不意に終わってしまわなければね。

穂村　うん。その場合はどうしようもないからね。死ぬということは、一般的な感覚で捉えると、一瞬のことと思われがちなところがあると思っていて。事切れる瞬間、的な。それでいくと、「どう死ぬか」と「どう生きるか」は、性質的に点と線くらい明確に別のものになるわけだよね。でも現実に即して考えると、「どう死ぬのか」というのは、首吊りか飛び降りか、はたまた青酸カリ飲むかみたいな話じゃなくて、実際には「どう生きるか」の最終結部の話なんだと思うのよ。

春日　つまり、老い方の話になるわけだよね。自分の死に向かって、どういう老い方をしていくのがベターなのか、と。

穂村　うん。「どう死ぬか」を考えるということは、「死の瞬間」という一瞬を考えることじゃなくて、自分の現時点での年齢からだいたい予測され得る最終結部に向かってどう生きるのか、そういう話になるんじゃないかな。点じゃなくて線の最後の部分。

春日　死に関しては、終わりよければすべて良し、とも言えなそうだもんな。それまで最悪の人生だったのに、最後の瞬間だけすっごいハッピーになるなんて、ちょっと想像できないしね。

穂村　ずっと最悪なヤツだったのに、いまわの際になって「みんな、ありがとう」ってニッコリ笑ってガクン、みたいなのも絶対ブーイングが起きるだろうしね。「いやいや、ありがとうじゃねえよ」って（笑）。

第1章 俺たちは死をどのように経験するのか？

今日も
人間2人
死について
話してる

猫に
床暖房に
大きな
テレビ

死を弄びたがるタイプ

春日　穂村さんは、自分の死について日常的に考えたりする？

穂村　あまり考えないなぁ。たぶん先生の方が死についてよく考えているし、考えることと自体が好きそうだよね。近年の『鬱屈精神科医』シリーズとかを読んでると、お祓いとか鬱とか冥土とか、どんどんテーマが死の方に近づいていくから不安になったよ（笑）。僕は先生とシンクロする部分がたくさんあると思っているんだけど、「死」というものに対する感覚はだいぶ違うみたい。

春日　確かに、俺はどちらかといえば死を弄びたがるタイプだろうね（笑）。「こんな死に方は嫌だベスト10」とかを考えたりするしさ。ダイナマイトで爆死は華々しそうだけど、木の枝に腸かなんかぶら下がっちゃったらちょっとヤだな、みたいに。

穂村　ゴダールの『気狂いピエロ』だね。フィクションの中の死に方を「自分だったら……」みたいに想像してみることは、まああるよね。そういうのの延長なんだと思うけど、『私の死亡記事』という本もあったな。さまざまな著名人が、自分の死亡記事を書いてみるという企画モノね。僕もかつて書いたことがある。

春日　『文藝春秋』の名物連載をまとめた本だね。

穂村　単純に読んで面白い文章もあるけれど、本人はそう書いているものの、リアルにこんな死だったら嫌でしょ、と思えるものもあった。その点では、すごく難しい企画だったようにも思うな。確かに死亡記事という体で書くというのは面白いけど、その人が本気でそう思ってるのかというと、それはやっぱり違う気がするし。まあ、リアルな願望を反映させて書くと、必ずしも面白くはならない、という問題もあるだろうしね。みんな痛くて辛い死に方は嫌だから、穏当な形になるわけでしょ。つまり「普通」になってしまう。

春日　確かにね。結局のところ、頓智というかちょっとした芸を披露するだけの企画になってしまいそうだな。死ぬんだったら季節はいつがいいかとか、天気はどうかとか、場所はどこがいいかとか、誰かと一緒の状態で息を引き取りたいかとか、そういった穏当な設問のほうが本音が引き出せそうだなぁ。

穂村　他の妄想は？

春日　乗ってる電車が人を轢いた時の感覚をシミュレーションしたりするね。

穂村　え、なにそれ？

春日　ほら、やっぱガクンと衝撃が来て、前につんのめるのかな？　みたいなことを考えるわけ。そうそう、去年の11月、初めて乗ってる電車が人身事故を起こしたんだよ。東京駅から出た中央線の電車が御茶ノ水駅に入るあたりで止まっちゃって。

穂村　すごいね。僕はその経験はないなぁ。

春日　人身事故といえば、自身の浮気が原因で妻が精神を病んでいく私小説『死の棘』で有名な島尾敏雄（1917〜86年）に『亀甲の裂け目』という短編があって、もう不安の塊のような話なんだけど、その冒頭で主人公の乗っていた電車が人を轢く場面があるのよ。急ブレーキで乗客がみなドドっと倒れるんだけどさ、その時の主人公の感じ方が振るってて「空気が菱形に歪んだ」って。学生時代にそれを読んで、「すげえ、こういう書き方をするのか！」とびっくりしたことをよく覚えてる。

穂村　実際にそんな感じだった？

春日　いや、全然菱形に歪まなかったよ（笑）。その後「40分以上停車します」というアナウンスが流れて、大概のヤツらは降りてしまったんだけど、俺は今更乗り換えるのもめんどくさいから、そのまま席で読みかけのミステリー小説を読んだりしてたの。で、ふとまわりを見回すと、パラパラと俺以外にも残っているヤツらがいて、スマホいじったり、ノートパソコン出したり、編み物始めたり、寝たり、みんな思い思いにその時間を過ごしてて。しかも、そこに秋の弱々しい光がきれいに入ってきて、すごいまったりした空間になってるのよ。人身事故による死と、その穏やかな時間との落差がすごくて、なんか不思議な感じだったな。

穂村　ああ、乗り換えないで本を読み続けた気持ちもちょっとわかる気がする。

「生」と「死」の専門家

穂村　僕にとって「死」は、やはり考えることが難しいし、歯が立たないテーマだなって感覚が強いんだよね。ほら、すごく大きなテーマについて何か言おうとすると、結局そんなに人と違ったことは思いつかないってことがあるじゃない？　死の場合も、怖いな、痛いの嫌だな、みたいな小学生みたいな言葉しか出てこなくなってしまう。

春日　じゃあ、死を間近に感じたこととかは？　例えば、「あ、俺死ぬかも」と思った経験とかはない？

穂村　うーん、リアルに「九死に一生」みたいな経験はないな。教室の下にいたら窓ガラスが降ってきて眼鏡を叩き落とされたくらいかな。

春日　まあ、それはないに越したことはないけどさ。自分が死んだら残された奥さんはどうなるんだろう？　みたいなのは考えない？

穂村　考えないなぁ。だから、死んだ時にお金が下りるタイプの保険に入ろうとか、まったく思ったことがない。とはいえ、最近は新型コロナウイルスのせいで以前よりは死を身近に感じるようになった気はするけど。先生はお医者さんだから、死が普通の人に比べて身近だと思うんだけど、どう？

春日 まあね。仕事柄、患者の死の場面に立ち会うことは時々あるから。病死みたいなものに加えて、精神科だと患者に自殺されちゃったりとかもあるし。以前、病院で窓に向かって物書いてたら、目の前を患者が落ちていったことがあったよ。

穂村 うわあ！ 死んじゃったの？

春日 いや、あんまり本気な感じでもなかったみたいで、飛び降りたのも3階だったの。窓から顔出して「大丈夫か？」って聞いたら、「イタタタタタ」とか言ってやがるのよ。この馬鹿野郎！ っていうね（苦笑）。統合失調症の患者だったんだけど、幸い障害も残らなくてよかったよ。

穂村 医者は、死との関係でいえばすごく特殊な職業だよね。その点では、先生は「死」の専門家ともいえる。かつて産婦人科医をしていた時は、日常的に目にしてたわけでしょ。

春日 そうね。産婦人科医時代は、まさに生と死――命が生まれる瞬間と、消える瞬間の両方を目撃し続けるような感じだったな。厳粛さなんて全然なくてさ、大人やら赤ん坊やらが、部屋のドアを開け閉めして目まぐるしく出入りしているみたいな印象でね。

魂を掴まえ損ねた経験

穂村　そんな生と死が日常的に同居するような状況って、僕みたいに普通に生きている人間にはまったくイメージできないよ。医者をやっていると、人の死って慣れるもの？それとも、医者になる人は死に対して耐性が強いというか、平気な性質を持ってるの？

春日　慣れ、というのは結構あると思うけどね。それに白衣を着ると、感覚が自動的に冷静沈着モードに切り替わるものだよ。

穂村　僕の知り合いに、医者になるのが夢で、頑張って勉強して医学部入ったけど、授業で解剖をしたら「もう全然無理」ってなってドロップアウトしちゃった人がいた。医者になるという確固たる意志があったのに、やっぱりダメだったみたい。

春日　なるほどね。俺は解剖、全然平気だったな。途中で、血管がどうなってるかとかスケッチしたりするんだけど、上手いもんだったよ。ダ・ヴィンチのウィンザー手稿みたいなタッチでさ（笑）。気持ち悪くなったりもしなかったし、臭いもキツイけど慣れれば平気だったな。余談だけど、俺が卒業して何年かしたら、学生の時の解剖学の教授が解剖用の遺体として来たことがあったよ。

穂村　すごい。立場上、ぜひ自分を学徒のために使ってくれ、と。でも、知ってる人にメス入れるのって抵抗なかった？

春日　やっぱり腰は引けるよね。とはいえ、筋通ってる先生だなとは思ったな。

穂村　考えてみたら、僕は目の前で動物や人が死ぬところを見たことがないよ。祖父母の死も、母の死も、「その瞬間」は目にしてないもの。

春日　看取ってないわけね。俺さ、小学生の頃に亀を飼ってたんだけど、ある日水槽の掃除をした後に水を入れるのを忘れて、そのままにしちゃったことがあるんだよ。翌日になって「あっ、いけね」と思って急いで水入れたんだけど、そしたら亀の首だけびょーんと長く伸びてさ。結局すでに死んでたんだけど、その時は、すんでのところで亀の魂に逃げられたという感じが露骨にしたな。

穂村　え、タイミングによっては生き返ったんじゃ？　みたいな感覚だったの？

春日　うん、なんかそんな気が勝手にしてさぁ。あと少しで掴まえられそうだったのに、目の前の角を曲がったら消えてて「畜生！」みたいな感じ。だから俺は悪くないぞ、って（笑）。

穂村　もし親しい人とかが相手だったら嫌だな、そういう感触が残るの。母が死んだ時、反射的に最後の会話を思い出そうとしたよ。でも、医者なんてそんなことの連続なんじゃない？　目の前で命に逃げられる、みたいな。

春日　まあね。だけど、医者の時の俺は、頭の中のモードが切り替わってるから。

あっ

穂村　そういうふうに切り替えないと、とてもじゃないけど精神が持たなそうだもんね。

肉体の物理的変化への戸惑い

春日　その亀の話で思い出したんだけど、小学校に上がる前、親父の職場の友だちとかと一緒に、一家揃って箱根旅行に行ったことがあって。けっこうな大人数でね。あの頃って、団体旅行といえば皆一緒に雑魚寝みたいなのが普通でさ。その温泉旅館はちょっと高いところに建ってたんだけど、俺ガキだったから一人だけ朝早く起きちゃって、暇だから窓の外を見てたの。そしたら見下ろしたところに犬走りみたいな出っ張りがあって、そこに人が寝てるんだよ。坊主頭で、下駄履いて、浴衣姿のまま横になってるわけ。霧雨は降ってるし、急な斜面だから、ちょっと寝返り打ったら遥か下に落っこちゃうような危ない所で。

穂村　先生はそれでどうしたの？

春日　びっくりして母親起こしに行ってさ、「外で知らないおじさんが寝てるよ」って言ったら「なに馬鹿言ってんの」って相手にしてくれないの（笑）。それでも執拗に言い続けたら皆渋々起きてきて、「げげっ！」と大騒ぎになった。親父が助けに行ったら、まだ息があったんだよ。睡眠薬による自殺だったみたい。その人を中に運び込んだら、錯覚だったのかもしれないけど、やたらでかい人に思えてね。怖かった。結局、命は助かったみたい。親父は「命が助かったのに礼も言いに来ない！」って憤慨してたけど（笑）。

穂村　その時は魂に逃げられなかったんだね。

春日　あとさ、子どもの頃って、火葬で肉体がなくなるというう物理的な変化も、「死」そのものに匹敵するインパクトがあったように思う。

穂村　それまで肉体という実体があったのに、それが焼かれて骨になっちゃう、と。

春日　まだ小さい頃、親戚が亡くなって火葬場に行ったんだけど、まだ「火葬する」という概念がイマイチわからないわけ。焼いてる最中、炉の上に蝋燭の形をしたパイロットランプが点いてて、そこにみんな集まっているから、キャンプファイヤーみたいでなんか楽しいなぁとか思ってたの。でも、しばらく考えるうちに、その意味がわかって真っ青になった覚えがある。あれは嫌だったねぇ。

穂村　遅れて意味に気づくっていうのが面白いね。

春日　火葬って、ものすごくグロいものになって出てくるようなイメージがあったけど、全然そうじゃなかったから拍子抜けもしたんだよね。骨って、いわゆる怪奇小説の髑髏みたいなおどろおどろしいイメージがあったんだけど、焼くと、意外と抽象的なものになってしまうんだな、って。

穂村　でも、感じ方には個人差があるのか、こないだ行ったお葬式で、おじいちゃんのお骨を見て倒れちゃった子がいたな。中学生くらいの男の子。たぶん、焼けた骨自体のショックもさることながら、ずーっと「こういう姿」と捉えていたものが、突然まったくの別物として目の前に現れたから、そのギャップに戸惑ってしまったんじゃないかな。しかもそれが、ついこの間まで動いていた大好きな相手だったから、ショックも大きかったんだろうね。

春日　その感覚はすごくわかる気がする。大阪に鯨料理食わせる割烹があって、何年かに一度女房と行ってたんだけど、数年前に食べに行ったら、そこの親父が亡くなってたんだよね。店は息子が継いでやってたんだけど、店内にその親父の顔写真が置いてあってさ。それを見たら、「ああ、あの言いたい放題言ってた面白い親父がこんな小さくなっちまったのか」と、ちょっとしんみりしちゃった。写真であって、別に骨壺とかじゃないんだけど、なんか物理的に小さくなっちゃったのを目の当たりにした感じで、すごくショックだった。死体とか血とか、そういう〝いかにも〟じゃない形で、「死」が強烈に迫ってくることもあるんだよね。

解剖の時なんてさ途中でスケッチなんかするわけね
気持ち悪くならないの？
臭いはきついけど慣れちゃう
でもホルマリンの匂いは慣れないね
それに脂がギトギトになってきてメスが大変
切れなくなっちゃって
フフフ
ウッフフ
最初はね皮うすーく切ってさ皮下脂肪に埋もれた神経を掘り出して……
先生楽しそうだなあ
笑ってなきゃやってられないだけよ
そっか

第2章

俺たちは「死に方」に何を見るのか？

文句のつけようがない最期、でも……

春日　本章では「死に方」について考えてみたいんだけど、そのテーマで真っ先に浮かんでくるのは、やはり山田風太郎（1922〜2001年）の『人間臨終図巻』とかかな。

穂村　政治家から作家、果てには犯罪者まで、著名人の死に様を死んだ年齢順に923人分収めた奇書ね。あ、山田風太郎も医者だったんだっけ？

春日　代々医者の家系に生まれて、東京医科大学を卒業するけど、事実上ほとんど医者としては稼働しなかったはず。

穂村　そっか。「死」への並々ならぬ関心は、春日先生同様、お医者さん的な視点があるからなのかな、と思ったんだけどさ。あの本を読むと、驚くほどみんな若くして亡くなっているんだよね。昔の人は短命だったんだな、って。

春日　「これっぽっちしか生きてないのに、こんなに名を残してるのかよ！」とか思うよね。この人が代表作を書いた年齢で、俺のほうは何してたっけ？　とか考え出すと憂鬱になるよ（苦笑）。そうそう、あの本にも取り上げられているけど、俺にとってもっとも気になる死に方をした人物の1人に、画家の東郷青児（1897〜1978年）がいるのね。

穂村　独特のタッチで美人画を描いた人だよね。絵が雑誌とかお店の包装紙とかに頻繁に使われてたから、昭和の頃は誰もが知ってる人というイメージだったけど、どういう死に方だったの？

春日　旅行先の熊本で死んだんだけど、腹上死といわれてて。しかも80歳で、だからね！　ボケてもいなかったし、二科会会長という地位もあれば、自身の名を冠した美術館だってあるわけでさぁ。

穂村　地位も名誉もあって、つまり、いろんな意味で絶頂の中で死んだわけね。

春日　はたから見たら、文句のつけようがない最期だよ。腹上死だって、世間一般の見方からすれば「男の夢」みたいな話なわけじゃない？　でもさ、一方で彼の絵って、圧倒的に値段が安いのよ。生前も死後も。やっぱり「あの洋菓子の包み紙でしょ」的に見られていて、遠回しにバカにされているようなところもあったんじゃないかな。

穂村　でも、初期はアバンギャルドな作風だったんだよね。

春日　そうだね、過去の芸術の徹底破壊と近代化する社会を称賛する、いわゆる「未来派」といわれた一派にいた人だから。

穂村　あと、若い時の写真を見ると、もしや修正入れてるんじゃ？　というくらいのイケメンだよね。

春日　往年のスターみたいな感じだよね。でも、年を取ってからはアクの強さがドーンと前面に出てきて、その面影もなくなった。そうそう、父親が国際線の飛行機に乗っていたら、前の席に海坊主みたいなジジイがいて、なんとそれが東郷青児だったんだって。ちょっと話したら、紙にささっと絵を描いてくれて、それが死ぬほど上手かったって言ってた。

穂村　へえ。でも、若い頃にとんがっている人が偉くなるにつれて体制寄りになっていくことはよくある話だけど、彼の場合は一気に突き抜けて、極端にポピュラーになっちゃった印象があるな。

春日　俗っぽくてキッチュなイメージ。で、本人もそういうふうに見られていることを自覚していて、そこは豪放磊落に笑い飛ばしてたようなところがあったみたいだけど、俺は絶対超わだかまっていたと思うんだ。彼の死を考えると、はた目には理想的に見える最期だったとしても、本人的にどうだったかはわからない、と思えてならないんだよね。

「らしい」死に方とは？

穂村　「死に方」といえば、小説家の中島らも（1952〜2004年）はお店の階段から落ちて死んだらしいけど、あれは言ってしまえば「あっけない死」なわけだよね。で

東郷青児の包装紙の菓子たち。
今でも人気です。

自由ヶ丘
「モンブラン」
焼き菓子

池袋
「タカセ」
クッキー缶

成城
「ALPES」
モカロール

など
など……

も、彼の作品を読んでいる人間からすると、格好よく思えてくるのが不思議。その無頼感が。

春日 彼はアルコール依存症だったんだよね。実際、足元がおぼつかなくて、階段から落ちて脳内出血で死ぬっていうケースは多いのよ。だから、依存症の人としてはありふれた死に方ではある。

穂村 あとは、若くして死んだロック・ミュージシャンを格好いいと思う感覚もあるよね。

春日 いわゆる「27クラブ」だね。カリスマ的な人気を誇るミュージシャンとかが、なぜか27歳で死ぬというジンクス。ジミ・ヘンドリックス（１９４２〜70年）とか、ドアーズのジム・モリスン（１９４３〜71年）とか、比較的新しいところだとニルヴァーナのカート・コバーン（１９６７〜94年）とか、エイミー・ワインハウス（１９８３〜２０１１年）とかさ。酒やドラッグで死んだロック・ミュージシャンを格好いいと思いがちだけど、寝ゲロで喉を詰まらせて死んだＡＣ／ＤＣのボン・スコット（１９４６〜80年）みたいなのが実際のところなわけで、本当はそれほどいいものでもないんだけどね。

穂村 作家の車谷長吉（くるまたにちょうきつ）（１９４５〜２０１５年）は、ウィキペディアによると「妻の留守中に、解凍済みの生のイカを丸呑みしたことによる窒息のため死去」だそうで、つい、格好いいなと思っちゃった。うまく言えないけど、その壮絶具合がなんかぴったりだ

作家の車谷長吉は
(1945~2015)
奥さんの留守中に生イカを丸呑み
喉を詰まらせて死んだんだってね
久保田万太郎も宴会の席で赤貝を喉に詰まらせ窒息死してるよ
はぐはぐ
魚介類ヤバいね
どきり
NEGOTO
春 でも赤貝は粋だね
穂 僕は赤貝よりはイカの方が格好いいと思うなー
春 イカよりタコの方が業が深い感じがするね
死んだ魚介類に殺されるなんて
恐ろしいことだなぁ
NEG

な、って。

春日　丸呑みしたらそりゃ詰まるだろ、って話だけど。その系譜だと、作家で俳人の久保田万太郎（1889〜1963年）は、宴会の席で赤貝を喉に詰まらせて窒息死してるよ。噛みきれなくて、つい飲み込んでしまって起こる事故だね。

穂村　知らなかった。魚介類ヤバいね。

春日　喉に詰まって死ぬといえば、あとは正月の餅とか。あれで死んだら、もはや半分喜劇みたいなもんだから、家族もやってられないだろうね。

穂村　北海道に住んでいた僕の祖父の最期は、酔っぱらって家で植木仕事みたいなのをしてて、そのまま寝ちゃって凍死したらしいの。その話を、たぶん親戚とかが話すのを聞いて知ったんだけど、当時は嫌だなと思ってたんだよね。でも今になると、必ずしも悪くない死に方だったたんじゃないかなと考えるようになった。

春日　その人らしい死に方ってどんなだろう？　みたいなことをよく考えるんだけど、少なくとも穂村さんが酔っぱらって凍死したら「らしいな」とは思わないよ。

穂村　そういう意味では、中島らもは「らしかった」よね。つまり、その「死に方」が、彼の生き方や作品の延長線上にあるように感じられるから。

春日　ファンが想像するであろう、納得するであろう死に方そのものだもんね。

「まあいっか」と思える死に方

穂村 じゃあ、先生にとって、どういうのが自分らしい死に方だと思う？

春日 自分のはよくわからないんだよ。何も思い浮かばない。

穂村 さっき腹上死を「男の夢」って言ってたけど、それはどう？「いやー、あの年で立派なもんだよ！」とか言われたい？（笑）

春日 「どんな女だったんだろう？」みたいな噂話のネタにされるのを気にしちゃいそうだから、やっぱダメだねぇ。でもひとつの理想として「みんなで死ぬ」というのにはちょっと憧れるかな。それで思い出すのが、リチャード・マシスン（1926〜2013年）というアメリカのSF・ホラー小説家の『レミング』という短編でね。分量にしてわずか3ページの作品なんだけど。

穂村 ショートショートだね。

春日 本当に一発ネタなんだけどさ。レミングっていうのは、ツンドラに住むげっ歯類の一種で、こいつらが海に飛び込んで集団自殺をするというのが有名なんだよね。まあ、都市伝説だという説が濃厚みたいなんだけど、それに引っ掛けた話なの。浜辺にどんどん車が集まってきて、乗っていた人たちは降車すると、まるでデパートとか映画館とかに入るみたいに、次々に海の方に進んでいって、服着たままズブズブ溺れてくのね。で、これが結構楽しそうなのよ。それを警官2人が「やー、次から次に来るねー」「もう何日も続いてるよ」とか言いながら眺めてて、話によれば、この現象は世界中で起こっているらしい。そうこうしているうちに、車に乗ってきた連中は全員海に沈んじゃうんだけど、すると2人の警官のうちの1人が「じゃあ、俺もそろそろ行くよ」って言って、やはり海にズブズブ入っていっちゃう。で、最後に1人残された警官は煙草吸いながらそれを見ていて、「じゃあ行くか」って、やはり海に入っていく。後には、たくさんの自動車が残されてました、終わり。

穂村　つまり、レミングが人間に置き換わっているわけね。作品としては不気味さが魅力的だと思うけど、死に方としてはどこがいいの？

春日　嫌な感じではあるんだけど、みんな一緒に死んじゃうなら、意外と「まあいっか」って思えそうな気がしたんだよね。そしたら、少し気持ちがラクになった。

穂村　確かに、例えば平均寿命が300歳とかだったら、100歳で死んでも「なんで自分だけ？」と思うだろうね。僕が嫌だと思う死に方は苦しいの全般なんだけど、そうじゃない死に方ってないのかな？　例えば、猫が可愛すぎて死んじゃうとか、そういうメカニズムはないのかしら。「可愛い！」という気持ちがある一定量を超えて、幸せのまま死に至る、みたいなの。それなら僕も「まあいっか」と思えそうなんだけど。

春日　感極まって血圧が上がって脳卒中、みたいなのはあるかもね。ただ、一見すると苦しそうな死に方でも、その瞬間は脳内物質がドバドバ出るから、意外と気持ちいいという説もある。ほら、セックス中に首締め合ったりするプレイとか、遊びで自分の首締めたりする人がいるけど、あれは落ちる直前に来る快感にハマっちゃってるんだよね。失敗して死んじゃう人もけっこう多いんだけどさ。

「理想の死に方」は選べない

穂村　先生はお医者さんという仕事柄、いろいろな最期を目の当たりにすることがあると思うんだけど、印象に残っているケースはある？

春日　産婦人科に勤めていた頃、当直してたら、急に具合が悪くなったという飛び込みの患者があって。急いで病室を用意したんだけど、そしたら突然ベッドのまわりをぐるぐる回り出してさ。とりあえず横にならせたんだけど、その後、突然鬼瓦みたいな、まるで映画『エクソシスト』（1973年）のリンダ・ブレアみたいな凄まじい表情になって、同時にうんち漏らして死んでた。

穂村　死因は何だったの？

春日　変死だったから、大塚の監察医務院に送って調べてもらったんだけど、結局よくわからなかった。でも、その患者の場合、死に方よりも、後からやって来た夫と称する男の振る舞いの方が強く印象に残っているな。来るなり、死んだ女性にさかんに語り掛け始めてね。それが「お前はあの時、あんな楽しそうな笑みを浮かべてたよなぁ！」みたいな、やたら芝居がかった調子でさ。

穂村　ドラマで覚えちゃったのかもね。こういう場面では、こういうふうに振る舞うものだ、みたいなの。

春日　完全にそれなんだよ。これまで患者の死の現場を何度も見てきたけど、多くの遺族が「ドラマチックにやんなきゃいけない」と思い込んでいるフシがあって。かつて担当した患者さんの死に顔がキング・クリムゾンの『クリムゾン・キングの宮殿』のジャケットみたいだったことがあったんだけど、家族がそれを見て「ああ、いい死に顔だよな」とか言い合ってて、「いやいや、どこが？」と。

穂村　まあ、作法がわからないもんね。じゃあ、そうしたさまざまな死に様を見てきた上で、先生の考える一番嫌な死に方ってどんなの？

春日　嫌っていうか、「ちょっとこれは……」と躊躇してしまう死ならいろいろあるかな。例えば、小説家の井上靖（1907〜91年）は国立がんセンターに入院して、そのまま死んだんだけど、直接の死因は肺炎でさ。まあ、この死に方自体はことさら珍しいわけじゃないけど、入院中に次女に言った言葉がイヤーな感じなのよ。「大きな、大きな不安だよ、君。こんな大きな不安には誰も追いつけっこない。僕だって医者だって、とても追いつくことはできないよ」って。

穂村　本人の心理が怖いんだね。不安に苛まれまくっている様子がびりびり伝わってくるね。確かに、こんな気持ちのまま死にたくないな。

春日　似たところで言うと、心筋梗塞で死んだ小説家の永井龍男（1904~90年）が、死の3日前に次女に「俺は、ここ2、3日で死ぬような気がする。寂しいなあ」って漏らしたらしい。80年以上生きて、文化勲章受章という名誉もあって、思い残すことなんてなさそうなのに、それでも死を前にして達観できないというね。

穂村　こうやって「どんな死に方がいい？」「こんな死に方は嫌だ」みたいなことは話のネタとしては面白いけど、それを我々は選ぶことはできないんだよね。自分でコントロールできるのは、そのだいぶ手前のところまで。最後は眠りながら現実とは無関係な夢を見ながら死ぬのかもしれないし。

穂村弘
死因「猫死」
猫が
かわいすぎたため
死亡。
ナォーーン
ナウ
ナーン
ナー
ナー

第3章

俺たちは「自殺」に何を見るのか？

苦悩と自殺が結びつかない

春日 穂村さんは、自殺って考えたことある？

穂村 まったくないなぁ。

春日 珍しいね。

穂村 え、考える方が多数派なの？

春日 多数派かどうかはわからないけど、物を作る人間に自殺を考えたことのないヤツはいない、みたいな勝手なイメージがあるんだよ（笑）。「もうちょっと苦悩しろよ！そんなんじゃロクなものを生み出せないぞ」って思うわけ。つまり死を考えるくらい苦悩しないと、なんかまだ芸術に対して魂を削り切れていない感じがするの。小手先でやってる感がある、というか。まあ、こういう問いは、物書きとしての自分自身にも向けられるわけで、そのへんを自問自答し出すとなかなかキツイものもあるんだけどね。言ってるお前はどうなんだ？　とも思うからさ。

穂村 でも僕は、苦悩と自殺とが結びつかないんだよね。自分にとっての理想の図書館とか、理想の灯台とかのイメージがあって、そこにはたくさんの本が収められていて、本を読むのにぴったりなテーブルと椅子が設えられていて、外に出なくても満ち足りた時間を過ごせる――そういうものへの強い憧れがあるの。自分にとってのそんな場所さえあれば、死にたいと思う気持ちが生まれることはないと思っていて。

春日　でもさ、その理想の環境ってのを考えたとしても、実際に手に入るかといえば無理だったりするわけじゃん？　そこでまたガックリくるとかはないの？

穂村　そのイメージ自体に救われている、とも言えるんだけど、確かに、そうそう手に入らないよねぇ。それどころか現実には、ツライけど耐え忍ばなければいけない環境ばかり。例えば、満員電車とかさ。片道1時間45分の通勤電車に17年間も乗っていた自分が信じられない。ぎゅうぎゅうに押されながら、みんなの耐久力がもっともっと低ければいいのに、って思った。でも、実際には今この場所で、この状況に耐え切れず叫び出してしまう人間がいるとしたら、それは自分だろうな、ということもわかっていた。みんながもっとメンタルが弱くて、僕よりも先に叫び、電車から逃げ出してくれたらどんなに楽だろう、って。

「逃げ癖」への疑念

春日　今の穂村さんの話は、自分よりツライ人間が他にいることで、「耐えられている俺はまだ大丈夫」と思えて気が楽になる、みたいなことだよね。だから、自分以外の人が先に音を上げてくれることを願う。それは俺も経験があるな。小学校のプールで潜りっこをやっていた時、当然苦しいから水から顔を出したいんだけど、最初に脱落するのは嫌なんだよね。でも、誰かが先に顔を出してくれてたら、気兼ねなく自分も顔を出すことができる。

穂村　でも、これまでの人生で、その最初の1人がいつも僕なんだよ（苦笑）。大学時代にワンゲル部に所属してたんだけど、登山の時、僕だけ登るのが遅くてさ。みんなは10メートル先で僕が追いつくのを待ってから歩き出す、というのが常で。そうすると、みんなはその間休憩なのに、僕だけがNO休憩でずーっと歩き続けることになるわけ。ツライけど、悪いのはみんなのペースを乱している自分だって思うから、耐えるしかない。ビリにさえならなければ、この苦しみはないはずなんだけど、いつも僕がその役回りになる。そういう時に、たまたま体調の悪い人がいたりして、自分よりも歩くのが遅くなってくれたりすると、めちゃめちゃ救われるというか、心理的に「こんなに楽だったんだ！」と気づかされる。不思議なのは、そんなに苦しいのに、山登り自体から逃げる勇気もなかなか出ないことでさ。

春日　自分が真っ先にダメになる役割を担うことで、みんなを楽にしている。でも、誰もそういった形での価値を理解していない、と。考えようによっては、穂村さんにとって自己肯定に値する案件なのにね。

穂村さんは「自殺」って考えたことある？
ニコ
ニコ
まったくないよ
僕は図書館とか薬草園とか灯台とかで
たくさんの本と本を読むのにぴったりなテーブルと椅子があって
散歩以外で外に出なくていい
そういう理想の間取りへの憧れがあれば
自分には自殺する理由がないように思えるんだよ
猫にもないなぁ

穂村　自分がそういう役割を、結果的にだけれども担っているんだろうな、という自覚はうっすらあったよ。でも、それで楽になれるとはとても思えない。それよりも「ここでやめたら、一生困難から逃げ続ける人生になるんじゃないか」みたいな思い込みがあったかな。若かったからかもしれないけど。今苦しい局面で逃げると、これから難局にブチ当たる度に逃げるようになるんじゃないか、って怖さね。

春日　逃げ癖がつきそう、ということね。

穂村　そうそう。でも、実際にはそんなことないんだけどね。難局にもいろいろなタイプの苦しさがあるから、山から逃げたからといって、すべてから逃げる人間になるわけではない。実際、人間ってわからないなと思ったのが、ワンゲル部でめちゃめちゃ強くて頼り甲斐のあった先輩が、就職したら鬱病になってしまったんだよね。けっこう衝撃だったな。でも当たり前のことだけど、山で自然を相手にするのと、会社でたくさんの人に揉まれながら働くのとでは、その大変さの質が全然違う。かつては、そこを一緒くたに考えてしまっていたので、今より辛かったのかもしれない。

死に取り憑かれた人たち

穂村　前に先生から聞いた話だけど、ある患者さんが水溜まりくらいの水で自ら溺死したって話が忘れられなくて。飛び降りとかなら一瞬だし、飛んだらもうそれまでだけど、この場合、ちょっと顔上げたら助かっちゃうわけでしょ。それでも死ねる根性というか、それほどまで普通に生きることがその人にとって苦しいことなのかと、ちょっと自分の想像を超えていたな。

春日　その手の話はけっこうあるよ。昔、殺人犯ばかりを収めた超ヘヴィな病棟を受け持っていたことがあってさ。心神喪失ということで、刑を免れた代わりに措置入院となった人たちがメインの病棟ね。そこにいた患者で、それこそ死に取り憑かれている人がいてさ。とにかくチャンスさえあれば自殺しようとするの。理由なんかなくて、衝動的に死にたがる。で、こっちも警戒していたんだけど、トイレに入った隙にぬるぬるの石鹸を自分の喉の奥に押し込んで、それで窒息死。とにかくもう凄まじい形相の上に泡だらけでさ。あれには言葉を失ったな。

穂村　す、すごい衝動だね。お医者さんは、患者が自殺するほど苦しく感じているということは、診断してわかるものなの？

春日　難しいところだけど、一応なんとなくはわかるよ。

穂村　それは患者さんが訴えてくるってこと？

春日　訴えてくるくらいなら、つまり表現できるくらいなら、まだ元気ある方だよね。

穂村　じゃあ、その人がどれくらい強い希死念慮に囚われているか、とかもわかるもの？

春日　それは正直わからない。考えようによっては、そんなにひどかったら、まず医療機関まで辿り着けないと思うから、そこもひとつの判断基準かな。だって、布団からトイレまで這って2時間かかるとか、そんな人たちなわけだから。精神科医の中井久夫によれば、統合失調症の人なんかは背中に漬物石を括り付けられているように感じているらしいよ。診察で話を聞いたりしている身からすると、なんとなくわかる気がする。

穂村　病院は、自殺志願者を物理的に閉じ込めちゃったりすることもあるの？　つまり、拘束して死ねなくする、みたいなことはある？

春日　緊急の処置的にはするけど、あくまでそのレベルかな。ずーっと閉じ込めておいても意味ないから。自殺したくなるほど追い詰められた心を、閉じ込めている間になんとか治療するわけですよ。我に返ってもらうためにね。

穂村　そうなんだ。自殺しようとする人がいたら、まわりの人たちは止めようとするよね。友達とかが気を回して、さりげなく先の予定を入れたりすることで、死への一歩を回避しようとしたり。ほら、真面目な人だと、明後日誰々くんと出かける約束しちゃったから、そこまでは生きていないと、とか考えたりするみたいでさ。でも、かつて僕の担当もしてくれていた編集者の二階堂奥歯さん（1977～2003年）は、恋人とドライブに行く約束をしてて、「明日はドライブだね。とっても楽しみ」という言葉を交しながらも、飛び降り自殺してしまった。

春日　彼女が生前ネットで公開していた日記と、関係者らの文章をまとめた本『八本脚の蝶』にそのへんの話が載っていたね。ちょっと前までは別にそんな気もなかったのに、突然「あ、今だ」という具合に、発作的にやってしまうことも珍しくないから。そういう衝動については、なかなか計り知れないものがある。

穂村　恋人のショックがどれほどのものだったか……。自分が身近な立場だったらどうしただろう？　みたいなことは、答えは出ないだろうけど、やはり考えてしまう。一方で、やはり死に取り憑かれていて、いつも飛び降りる場所を探して歩いていたような友人が、数年経ったらまったく別人のように、そのモードから抜け出していたこともあったから、何があるかわからないよね。

春日　死に取り憑かれるといえば、文学作品には「心中もの」というジャンルがあるよね。世間的には、実生活でも愛人と一緒に死のうとした太宰治あたりが最もポピュラーな存在なのかな。

穂村　そうした体験から書かれたと思しき『人間失格』はいまだに「名作」として読み継がれているね。

春日　心中って、どん詰まった挙げ句に「じゃあ天国で永遠に一緒に暮らそう」って発想でしょ。鬱病の親が子と一緒に無理心中なんて話は別にしてさ。心理学者による心中の研究みたいな本って、戦前なんかには意外と出版されていてね。中村古峡の『自殺及情死の研究』とか、山名正太郎の『自殺に関する研究』とか。で、遺書とか結構載っているんだけど、そういうのを読むと、2人一緒に葬ってくれ、なんてムシのいいことを書き残しているカップルって結構多いんだよね。だけど一緒に埋葬してもらえることなんてまずないよなぁ、たぶん。耽美派の人は心中が好きそうな気配があるけど、いちばん幻滅に満ちた死に方かもね。

「後に引けなくなって……」という恐怖

春日　つい考えちゃうのが、準備万端整って「さあ、死のう」というところで、「あ、やっぱり……」と後悔の念が生まれてしまったらどうなるんだろう、ってことでさ。「今日はやめとこう」とできればいいけど、状況によっては、後に引けなくなって……みたいなこともあると思うのよ。

穂村　それ、想像すると怖いなー。自分はもう死ぬことに躊躇し始めているのに、それでも「さあ、どうぞ」という環境が整っていて逃げ出せない……。

春日　それで思い出すのが、吉村昭（1927〜2006年）の昭和的な暗さ満載の短編小説『星への旅』なんだけどさ。死にたくなった若者たちが集まって、借りてきたト

殺人犯ばかりを
収めた超ヘヴィな
病棟かぁ
そういう人って
見た目とか
佇まいって
どうなの？
我々と
比べて
違う？
極々普通
ジョーカー
みたいな奴も
いないしね
ARKHAM
ASYLUM
中には
スキンヘッドに
して
「供養してます」とか
ぬけぬけ言う奴も
いるけど
みんな普通に
コミュニケーション
できる人
ばっかりよ
たまに
いっしょに
素麺大会
なんてしたりね
閉じこめっぱなしも
よくないから
殺人犯たちの
素麺大会……

ラックに乗り込んで自殺のための旅に出るというロードノベル風の作品で。最後、海辺の断崖まで行って、みんなで縄で縛り合って一緒に飛び降りようってことになるんだけど、メンバーの1人が「やっぱり嫌だ」って逆らいだすのね。でも、本気のヤツが「そうはさせない」とジリジリ迫っていく。主人公も内心では嫌だなって思っているんだけど、今更引き返せないし……みたいになって。

穂村　で、どうなるの？

春日　結局みんな一斉に飛び降りて死んじゃうの。嫌な話でしょ（笑）。逃げりゃいいのに、「ここで逃げたらみっともないな」とか「卑怯者って思われたら嫌だな」みたいなことを考えてしまって、死にたくないのにどんどん後戻りができなくなってしまう。

穂村　すごくわかる。これは以前エッセイにも書いたことあるけど、昔点滴してる時に、液薬が切れそうになっているのに気づいたんだよね。それで思い出したのが、「血管に空気が入ったら死ぬ」という都市伝説めいた話でさ。そこでナースを呼んで、「あの、点滴がなくなりそうなんですけど（ほら、空気が入っちゃうでしょ）」って言えればいいんだけど、大人だし、さすがに点滴でそれはないだろうと頭ではわかっているから、恥ずかしくて言い出せない。でも、実際にはビビりまくっている。本当は、命がかかっているんだから恥ずかしいとか言っている場合か!?　という話なんだよね。いくら迷信でも、「絶対死なない」という確証を持てない以上、死の確率はゼロではない。でも、見栄みたいなものがあって声を上げることができない。その経験から、さっきの小説のようなシチュエーションをすごく恐れるようになった。

春日　前章で、みんな一緒に死んじゃうなら「まあいっか」と思えそう、って言ったけど、自分の意思に反するのはやっぱり論外だからね。それから、自殺とはちょっと違うけど、井上靖の短編『補陀落渡海記』も傑作よ。昔の日本の話でね、補陀落信仰というのがあって、修行をしてしかるべき時が来たら、お坊さんは海の向こうにある極楽浄土に渡るという決まりになっているんだよね。この「海を渡る」というのは、実際のところは「死にに行く」という意味で。主人公の坊さんは、成り行きから「何年かすると海の向こうに発たれる偉い坊さん」だということになっちゃって、まわりは彼を崇め奉るわけ。

穂村　それでだんだん後に引けなくなっていくわけね。

春日　で、最後はやっぱり取り乱すんだけど、もう船が用意されていて逃げられない。しかも、半分棺桶みたいな船で、その中に無理やり入れられて釘打たれてさ。で、すごいのはここからで、流されるんだけど、途中で嵐に遭って島に流れ着くんだよ。ああ、助かった！　と思ったら、関係者に発見されて「おやおや、こんなところで」ってもう一度釘打たれちゃうの。一切救いナシ。

穂村　ホラー映画の、「助かった！」と思ったらもう1回襲ってくるパターンだ。

春日　この小説は、日に日に状況がヤバくなってくことが本人もわかっているし、逃げようと思えば逃げられるはずなんだけど、それでも腰が上がらないっていうあたりの描写がやたらとリアルなんだよね。井上靖はいいよー、さすが実はノーベル文学賞候補だった男！

穂村　今回は「自殺」という重いテーマだったけど、先生、なんだか生き生きしているね（笑）。

第4章 俺たちは死を前に後悔するのか？

死にも「お試し」があればいいのに

春日　前章で、自殺をするつもりだった人が、直前になって躊躇するけど、でも後に引けなくなって死んじゃう、みたいな小説を紹介したじゃない？

穂村　吉村昭の『星への旅』ね。集団自殺をする寸前に「やっぱ嫌だなぁ」ってなるけど、死ぬ気満々の人にジリジリ迫られたり、後に引けなくなったりして、なし崩し的に死んでいくという小説。なんとも嫌な話だったな。

春日　ああいうことは、自殺に限らず、けっこうあると思うんだよね。

穂村　もう死んでもいいやと思っていた人が、いざその段になったら「ああ、やっぱりまだ死にたくない！」ってなるケースね。

春日　そうそう。日本ではまだだけど、今後もし安楽死法みたいなのが成立してさ、そういった最期を自分から選んだとしても、直前で「やっぱタンマ！」みたいになるヤツも少なくない気がするんだ。

穂村　僕の場合、そういう状況になったら「イヤだけど、ここまで準備させといて、今からナシっていうのも申し訳ないな……」とか思って悶々としながら、流れに飲まれて死んでしまいそう（苦笑）。パソコンだと、ゴミ箱の中身を捨てる時に「完全に消去してもよろしいですか？」って聞いてくれるけど、死ぬ時もそういうふうにちゃんと確認してくれたらいいのにね。あるいは、死んでも1回だけはキャンセルできる、みたいなルールにするとかさ。そしたら、お試しで3か月ぐらい死んでみるのとかもいいかも。

春日　で、「なんか思ってたのと違うからやめます」とか言ってね。

穂村　まわりの皆がどのくらい悲しんでくれているかとか、自分の死後の様子を見てから本当の遺言書を書いたりできるしね。ちょっとうっとりしながら、「僕が死んだら誰が泣いてくれるかな」みたいなことを考えてしまったり。

春日　それ、ほとんどリストカットする人の思考だよ。

穂村　そうなの？　お試し的な？

春日　まわりがどのくらい反応してくれるかを見ている、ってことでしょ。だから、切った手首をわざわざ写真に撮って送りつけてきたりするわけ。心の痛みを体の痛みに置き換える営みだ、って説明する人もいるけど、大概はそれだけじゃないよ。

穂村　そういうこともあるんだ……。お医者さんって、そういう時どうリアクションをするのが正しい姿なの？

春日　まあ、心配はするよね。相手がそれを求めているということもあるし。ただ、あまり心配しすぎても調子に乗ってしまってよくない面もあるから、そこはさじ加減が必要だけど。で、その行為が「あなたらしくないよ」ということを伝えつつ、そっちに行かないよう、患者に合わせていろいろ言葉をかけていく感じかな。まあ、本当は「あなたらしい」行為なんだけど、あえて「あなたらしくないよ」という言い方でアプローチしていくのが精神科医の戦略でさ（苦笑）。

年を取って〝化ける〟パターンへの期待

穂村　死ぬ前にする後悔といえば、「〇〇するまでは死ねない」みたいな考え方があるよね。〇〇を見るまでは、とか、〇〇を食べるまでは、みたいなの。

春日　「死ぬまでに行きたい絶景スポット」とか「死ぬまでに見たい最高の映画」みたいな企画は枚挙にいとまがないもんね。

穂村　僕はほとんど時代小説を読んだことがないんだけど、みんなが面白いという「捕物帖」というジャンルを読むことなく死んでいいのか？　とか考えるね。あとは、行った人が口を揃えて絶景だというマチュピチュに行かずして死んでいいのか？　とかさ。だから、マチュピチュに行く飛行機の中で捕物帖を読めばすごい充実度なんじゃないか、みたいな妄想をしたりする（笑）。でも、そうやって考えているだけでマチュピチュどころか捕物帖も読まないまま一生を終える、なんてことも普通にありそう。

春日　コロナで海外旅行もしばらくままならなそうだしね。なんだろうな、俺の場合はさ、自分に対して何ひとつ自信を持てないところが問題なんだよ。それがなくならない限り、ずっと「まだ死ねない！」と思い続けるのかもしれない。俺はまだ本気出してないぞ、って（笑）。とっておきの、まだ出していないネタとかもあるしさぁ。あと、年取って突然化けるパターンもあるわけじゃん。

穂村　老境に入ってから傑作をものにする作家とかいるもんね。あるいはアメリカのSF作家ロバート・シルヴァーバーグみたいに、病気で失速した後、復活して名作をバンバン書いて「ニュー・シルヴァーバーグ」と呼ばれるようになったり。あれはそんなに年取ってからの話ではないけど。先生も、これからそういうモードが来そうな予感がある？

春日　予感というより、願望かもしれないけどね。結局、ワケのわからないこだわりとか、必要のない不安とか、そういうものが足を引っ張って書けないだけなんだと思うのよ。でも達観して、それがふっと取れると、怒濤のように素晴らしい作品を連発できるんじゃないか、みたいな期待はついしてしまう。妄想に近いけどさ。

穂村　年輪を重ねた分、作品にも深みが出るかも、みたいな考え方もあるもんね。

春日　そう思いたいけどね。パワーはなくなったけど、その分味わいが、とかさ。でも、死に近づくということが、円熟なのか衰えなのか、よくわからないところがあるわけじゃん。で、衰えていく方には絶対なりたくない。

穂村　でも、現実的には円熟の方ははっきりしないというか、受け手次第なところもあるけど、衰えること自体は間違いないと思うんだよね。

春日　耳が痛いね。

穂村　「老いる」というのは、死を強く意識するということでもあるよね。それでいうと、老いに限らず自分の生命の残り時間が少ないということを知ることで、むしろ馬力がかかって作品のクオリティが上がるみたいなこともあるのかな。親しかった人でいうと、一緒に『にょっ記』というシリーズ本を作ったことのある漫画家・イラストレーターのフジモトマサルさん（1968〜2015年）は病気で死を意識していたであろう最後の5年間に、もう作品の完成度がどんどん高まっていってた。

春日　場合によっては、虚無的になって描けなくなるみたいなことだってあり得るのにね。

穂村　そうなんだよ。メンタルが強いというか、話していると、来週はこの映画を見るとか、着たい服の話とかよくしててさ。亡くなる前の週だったかに、電気カミソリを買ってたからね。自分の残り時間がわかってしまったら、僕なんかすべてがユルユルになってしまって、とても自分の美意識を貫くことはできないと思う。彼みたいに、最後の最後まで意志を強く持って生きるなんてことは、自分にはとても無理だと見てて思ったよ。

自己肯定感があれば、後悔なく死ねる？

穂村 そういえば、作家の高橋源一郎さんが、若い頃より死ぬのが少しずつだけど怖くなくなってきた、と何かで書いてたな。仕事に限らず、たくさん経験を積んだことで、わだかまりとか執着が少しずつ薄れてきた、みたいなことなのかな。そうした心持ちを極められれば、死を前にしても後悔しなくなれるのかもしれないね。あと、英語学者・評論家の渡部昇一（１９３０〜２０１７年）の『95歳へ！　幸福な晩年を築く33の技術』を読んでいたら、95歳を超えると死ぬのが怖くなくなるらしいからそこを目指す、って書いてあった。

春日 でも、俺なんて高橋さんと年齢が同じだけど、全然そんなふうに思えないけどね。だから、この先もどうにかなるという気がまるでしないんだよなぁ。

穂村 それは、いわゆる自己肯定感みたいなものが持てない、ということ？

春日 そうだね。俺が書くものは、誰もが素晴らしく美味しいと思うような「美食」足り得ない、という感覚があって。どちらかというと、ジャンクフードとか珍味みたいな存在だと思ってるからさ。医者だけど文学とかのことにも言及するキッチュな存在としての需要、みたいなのはすごく自覚しているわけ。で、「それでもいいじゃないか」と自分に言い聞かせてきたし、ある程度納得もしてるんだけど、突然それがすごく嫌になる瞬間があるのよ。所詮俺はイロモノで終わるのかよ、って。そうなるともう、死んでも死に切れない、みたいな感情が生まれてくるんだよ（笑）。

穂村 自己肯定感みたいなものって、個人差もあるんでしょ？

春日 まあ、そうだね。

穂村 他人は関係なく、自分がよいと思えればそれでいい、というか。短歌の世界でいうと、塚本邦雄（1920〜2005年）なんかは、活動していた当時の感覚では異端としかいえないような作風だったけど、むしろそのことによって自己肯定していたようなフシがある。あらゆるジャンルにおいて、世間の大多数がよしと思うことと自分がイコールであることを喜ぶ人もいるけど、彼はそれを強く拒否して、自分こそが、文学のあるべき姿、文学の本当の中心であるという強烈な自負があったと思うんだ。だから「負数の王」といわれてたよ。

春日 俺もそこまで超然とできたらいいんだけどね。

穂村 現代においては、韻文はそもそもマイナーな存在だからね。でも、翻って自分のこととして考えてみると、もっと個人的な形での「自分さえよければそれでいい」なんだよ。前章で言ったみたいに、理想の個人図書館とか、自分の中で完結する、安らかでノイズのない場所をイメージできさえすればいい。その程度のものなんだよね。

塚本邦雄
当時は「異端」と呼ばれた作風
(1920〜2005)
「革命歌作詞家に凭りかかられてすこしづつ液化してゆくピアノ」
「日本脱出したし皇帝ペンギンも皇帝ペンギン飼育係りも」
塚本邦雄は自分を「異端」という場所において無効化するような動きを許さないって
わざわざ言うぐらい戦闘的なんだよ
あの三島由紀夫も
松本清張みたいにリアルな世界像を背負った人を敵視したみたいね
金閣寺
三島由紀夫
点と線
松本清張
春日先生も「自分が書くものこそ王道で美食!」って主張してみたら?
そこまで超然とできたらねえ
鬱屈・・・

春日　俺の場合は、自己肯定というのもあるんだけど、母親というのがいまだに大きな存在でさ、自分が書いたものを彼女に褒めてもらえるかどうか、というのも大きな基準なんだよね。もう死んでるから、現実にそれは不可能なんだけど。

穂村　褒めてくれるのは、他の人じゃ駄目なの？

春日　うん。で、その母親の愛情というのは、いわば「取引」なんだよね。こっちが成果を挙げなければ、その分愛情は貰えないというシステムなの。

穂村　いわゆる「無償の愛」じゃない、ということね。

春日　そうそう、親子だけど有償なんだよ（笑）。と、冗談のように話してはいるけど、これはけっこう本気で思ってるんだよね。結局、俺は一生母親から逃れられません、って話なのかもしれない。というわけで俺は、今のところ後悔なく死ねる気がまったくしないんだよ。

アンチエイジング時代の「死」

春日　最近の一部の男性週刊誌とかを読むとさ、「熟年でもSEX現役」みたいな記事がバンバン載ってたりするし、シニア向けの出会い系アプリとかもあるらしいね。モード的にアンチエイジング全開というか、ベクトルとしては「老いて死を受け入れる」みたいな感じではなくなってきている気がする。

穂村　若い時は、いわゆる「知識」も、海外旅行とか恋愛といった「経験」も圧倒的に少ないわけだよね。だから、飢餓感があるのはわかる。でも、今は寿命が延びたことも関係あるのかもしれないけど、そうした状態が若者の特権ではなくなってきているような感じがあって。昔はもっとナチュラルにおじいちゃんおばあちゃんになっていたような気がするんだけど、今はそうじゃないよね。かつては、老人は縁側で日向ぼっこみたいなイメージがあったけど、今は恋愛もすれば、別に海外旅行だって何歳になったって行けちゃうわけだしさ。あと昔は、今みたいに老人になってから持ち物が増えていくようなことはなかったと思うんだ。

春日　深沢七郎（１９１４～87年）の短編小説に『楢山節考』という姥捨山の話があるけど、あれに出てくるおばあちゃんも、もうじき山に行くっていうので、物をどんどん少なくしていたよね。歯が生えてるのも恥ずかしい、みたいなことまで言ってて、すっごいミニマリストなの。で、石臼かじって前歯を折ったりして、もう壮絶。

穂村　それはすごいね。逆に、現代では歯がすごく大事にされているよね。歯が多いほどボケにくいとか、「老人はむしろ肉を食え」みたいなことが盛んにいわれているし。でも、アンチエイジングという言葉や概念もだいぶ浸透したけど、やっぱり根本的には無理のある話だと思うんだ。

春日　やっぱりセックスしたいのかねぇ。俺、若い頃は、年寄りはセックスしないもんだと思ってたもん。でも老人ホームとかでも、嫉妬から殺し合いみたいなのに発展したりすることもあるみたいだし、やっぱり老いてなお盛んってことなのかな。だいたいさ、今回の新型コロナウイルスの影響でマスクやらトイレットペーパーが品薄になったことがあったけど、あれって老人たちが率先して早朝から行列に並んでは買い占めていたわけだよね。その是非はともかく、昔はそういうのはもっと若い人たちの役割だったと思うんだけど。

穂村　昔取った杵柄だよ。さすがに戦後に買い出ししてた層はいないだろうけど、オイルショックの時はトイレットペーパー買いに走ったんだぞ、みたいな。あれを見ていると、サバイバル力すごいなと思うよ。

春日　「終活」という言葉が一般的になったのって、ここ10年くらいだと思うんだけど、老人が元気だし欲望も尽きないからこそ、そうやって「老い」を、そう遠くない「死」というものをわざわざ実感する契機を作らなければならなくなった、みたいなことも言えるかもしれないね。

深沢七郎の
短編小説
『楢山節考』では
もうじき山に行く
おばあちゃんが
物をどんどん
少なくしていったよね
歯が健康なのが
恥ずかしいって
石臼で前歯を
折るやつね
あれは
壮絶だった
今は
「終活」といって
身辺整理して
いくけど
昔はもっと
ナチュラルに
おばあさんに
なってたような
気がするよ
体力と共に
欲もなくなり…
持ち物の多い
現代人には
なかなか
大変……
こてん
ぺ～ろ
ぺ～ろ
猫は究極の
ミニマリスト
だねえ
身ひとつで
生涯何も持たず
さ～り
さ～り
奥村晃作の
歌にも
あったな
「イヌネコと
蔑して言ふが
イヌネコは
一切無所有の
生を完うす」

第5章

俺たちは死にどう備えるのか？

棺桶に何を入れるか問題

穂村　ミステリー小説とかを読んでいると、よく「遺言書」が出てくるよね。それが殺人の動機に密接に関わっていて、みたいな形でさ。

春日　大富豪が、隠し子とか、家族以外の優しくしてくれた人とかに「財産をすべて残す」みたいな遺言書を書いたばっかりに連続殺人事件が起こって……みたいなやつね。

穂村　我々は自分の「死」に直接的にタッチすることはできないわけだけど、遺言というのは、それを非常に限定的にではあるけども可能にする数少ない機会かもしれないね。遺す財産とかがなくても、少なくとも「棺桶に○○を入れてほしい」くらいのことなら頼めるわけじゃない？

春日　うちの親父は、そういった類の遺言は残さなかったな。だから、火葬の時に葬儀会社のスタッフから「何か入れますか」って聞かれて迷った。本かなぁ？　とかは思ったんだけど、親父が棺桶に入れるほど好きな作家がわからなくて。だから晩年まで愛用していた、書き込みとかもいっぱいある薄いコンサイスの英和辞書を入れたよ。でも、あとで考えてみたら、三途の川で鬼と英語で喋ったりするかよ！　って（笑）。

穂村　お母さんの時は？

春日　母親の時は何も入れなかったなぁ。好きだったアガサ・クリスティーのポケミスでも入れればよかったかな。

穂村　僕も別に遺言とかはなかったけど、母の時にはアイスクリームを入れたよ。

春日　え、本物の？

穂村　うん。甘い物が好きだったんだけど、糖尿病だったからさ。もう好きなだけ食べていいよ、という気持ちを込めて。家族が決める場合は、そんな感じで生前好きだったものか、あるいは愛用していたステッキとかパイプあたりになるんだろうね。

春日　俺らだったら何になるんだろうね。

穂村　やっぱり眼鏡とかになっちゃうんじゃない？

春日　眼鏡は、遺骨や炉を損傷する恐れがあるから、火葬の時は入れちゃダメみたいだけどね。骨壺に入れるのはＯＫ。

穂村　あ、そうなんだ。いずれにせよ眼鏡じゃ、ステッキやパイプに比べて非日常性が皆無だから、ちょっと寂しいよね（笑）。ないと困るものだけど、もはや顔の一部だから、それほど特別感がないというか。本当は、ないと困る以上の存在で、かつその人を感じさせるものがいいんだけど。ブルース・リーならヌンチャクとか。物書きなら、自著みたいなパターンもあるのかな？

春日　うーん、自分の本かぁ。

棺桶に
1冊入れると
したら
何を入れる?
またエンギでもない話…
自分が書いた本は
三途の川の鬼に
ウケが悪いと
なると……
密室といえば
ディクスン・
カーとか?
棺桶だけに
ミステリーで
いくなら
『そして誰も
いなくなった』は?
アガサの
おあとが
よろしいようで
みたいな
『棺の中の悦楽』
とかね
春
ベタに
『死者は
よみがえる』
とか
穂
棺の中の悦楽
死者はよみがえる
下手に
そういうのやると
お里が知れると
失笑されそうね……
春
俺
ウィリアム・
カーロス・
ウィリアムズの
詩集でいいや
僕は
いっそ
真っ白な本で
いいかも……

穂村　ほら、三途の川で鬼に挨拶できるじゃん。「私、こういう者です」って。
春日　名刺代わりにね。でもさ、鬼に「こんなバチあたりなもん書きおって！」って地獄に連れていかれちゃったりして（笑）。

世界の偉人たちが残した人生最後の名セリフ

穂村　遺言書を作るのって、つまりは「死に備える」ということだよね。その延長でいうなら、人生最後のセリフを考えるのも、似たようなことなんじゃないかな。
春日　事切れる寸前に、この世に向かって最後に発する言葉ね。確かに「言葉を残す」という意味では、遺言みたいなところがあるかもしれない。俺は、イタリアの画家ジョルジョ・モランディ（１８９０〜１９６４年）の最後の言葉「黒とコバルトを用意しておくれ」が好きなんだよ。肺癌で死んだから辛かったとは思うんだけど、こんな格好いい言葉を吐いて死ねるっていうのは、やっぱり憧れる。
穂村　以前、イラストレーターの寺田克也さんと『課長』という本を作ったことがあるんだけど、その時に、クロード・アヴリーヌの『人間最後の言葉』という、いろんな人のいまわの言葉を集めた本からセリフを引いたことがあって。
春日　死の名言集とでもいったところかな。

穂村　在位期間フランス史上最長を誇るルイ14世（1638〜1715年）の「どうして、泣いたりなどするのか？　余が不死身だとでも思っていたのか？」とか、ローマ帝国の皇帝ヴェスパシアヌス（9〜79年）の「皇帝たるものは立って死ななくてはならない」とか、あるいはフォンテーヌ・マルテル夫人（生年不明〜1730年）の「わたしのなぐさめは、いまこのとき、きっとどこかで、恋人たちが愛し合っている、ということです」とか、格好いいよね。

春日　最後のとかは、死にそうな状態でよくこの長セリフを言えるよな、と思ってしまうけどね（笑）。他に気の利いた、面白いのはある？

穂村　フランスの女優ラシェル（1820〜58年）の「日曜日に死ねて嬉しいわ。月曜日は憂鬱ですもの」とか。自分の命が尽きようとしているという、いわば現実的に最悪の状況を迎えていながら、それよりもずっと微細なものを疎んじてみせることで「死」を超越する、みたいな誇り高さを感じる。あとは、フランスの作家フローベールと親交の深かった詩人・哲学者アルフレッド・ル・ポワトヴァン（1816〜48年）の「窓を閉めてくれ、外は美しすぎる」も好きだな。裏返しの愛の告白だね、世界への。

春日　でも、最後の言葉を言う時には、もう後がないわけじゃない？　ここで滑ったら、もう目も当てられないよね。

穂村　きっと何十年もかけて推敲するんじゃない？　その人にとって究極の言葉になる

もありそう。

ように。でも、周到に用意してたのに、苦しくって最後まで言い切れず……なんてこと

春日　言い間違えちゃったりね。あるいは、世の中のセンスが変わってしまい、時代錯誤なものになり下がってしまうとかさ。

穂村　長い間温め過ぎたばっかりに。これもうポリティカル・コレクトネス的にNG、とかね。「それを言っちゃあお終いよ」かもしれないけど、死の瞬間に口を突いて出た言葉が整然としたものである可能性は、現実には低そうだよね。だって、死にそうなんだもん。だから、多かれ少なかれフィクショナルなものにならざるを得ない。それに、最後の言葉を言い切って都合よくガクってなることもあまりないと思うんだよね。

春日　だから医者も大変なの。「もう亡くなるな」と思って患者の家族を呼んだものの、心臓がやたら強くて、鼓動だけ止まらない人とかいるからね。家族も困惑するし、医者も格好つかないしさ。呼吸も、止まってまた復活するなんてケースも珍しくないのよ。不謹慎な話だけど、「お力添えできませんでした」とか言った瞬間に急に生き返ったりするなんて、もうブラックジョークだよ。

穂村　「なーんちゃって！」とか言えないもんねぇ。大抵の人は、目の前で人が死ぬところなんてほとんど見たことがない。だから、テレビドラマとかで、家族が集まったタイミングでガクッと事切れる、みたいなのをイメージするわけだけど、現実はそう上手

くいかないわけね。

辞世は自意識の塊

春日　人生最後の言葉といえば、穂村さんの専門である短歌の世界では、いわゆる「辞世の句」というのがあるよね。

穂村　生前に作る「最後の言葉」という意味では、確かに似たところがあるね。でも、辞世って、どうしても自意識の塊になってしまうから、「作品」として見るのはすごく難しいのよ。例えば、三島由紀夫（1925～70年）。彼は、自らの愛国心の発露から東京市ヶ谷の陸上自衛隊東部方面総監部に乗り込んで自決したわけだけど、残した歌が〈散るをいとふ世にも人にもさきがけて散るこそ花と吹く小夜嵐〉でさ。

春日　いかにも、だよね。

穂村　確かに思想みたいなものは伝わってくるんだけど、「作品」として鑑賞するには微妙すぎるというか……。だから、たまたま死の少し前に詠まれた歌とか、結果的に絶筆になった作品とかの方が見るべきものが多い気がするんだよね。例えば、歌人の河野裕子（1946～2010年）が、自身の死が近い時期に詠んだ歌に〈八月に私は死ぬのか朝夕のわかちもわかぬ蝉の声降る〉というのがあって。「そうか、私は8月に死ぬのか」という実感がリアルに伝わってくる歌だと思う。蟬には一度きりの、そして自分には最後の8月、というね。

春日　これが最後の歌になったの？

穂村　実際に絶筆になったのは、〈手をのべてあなたとあなたに触れたきに息が足りないこの世の息が〉かな。これは、「あなた」に手を触れたいけれど、命が尽きようとしている私にはもうその力が残っていない、という歌だよね。注目したいのは、命が切れかかっているとはいえ、この歌が完全に「生の側」から詠われているということ。ギリギリの生に留まりながら、自分にはもう命の残量がなくてしたいことができない、と言っている。

春日　じゃあ逆に「死の側」から人生の最期を詠んだ歌人もいたの？

穂村　うん。興味深いのが、そっちの方が怖くなかったりするんだよね。例えば、これも結果的に絶筆になった歌なんだけど、窪田空穂（1877〜1967年）が死の4日前に詠んだ〈四月七日午後の日広くまぶしかりゆれゆく如くゆれ来る如し〉。「4月7日の日の光が眩しい」と言っているだけで、内容的にはシンプル極まりないんだけど、「ゆれゆく如くゆれ来る如し」というフレーズなんかは、これが絶筆になったと思うとすごく「死のゾーン」に入っている感じがするよね。あの世の側から、この世の生者たちに向かって「死の入り口って、こんな感じだよ」と言語化して伝えてくれている感じがす

歌人の
河野裕子の
絶筆になったのは
(1946〜2010)
「手をのべて
あなたとあなたに
触れたきに
息が足りない
この世の息が」
ギリギリの生に
留まりながら
自分にはもう
命の残量がなくて
したいことができない
ということを
詠っている
逆に
死の側から
人生の最期を
詠んだ歌人は?
窪田空穂が
死の4日前に
詠んだ歌
(1877〜1967)
「四月七日
午後の日広く
まぶしかり
ゆれゆく如く
ゆれ来る如し」
そっちの方が
怖くなかったり
するんだよ
確かに
怖さはないね
むしろ
陽だまりの中で
のほほんと
している感じ
くあ…
これくらい
滑らかに
「向こう側」に
行けたらいいなぁ

る。

春日　確かに怖さはないね。むしろ陽だまりの中でぼーっとしている感じすらあって、のほほんとしてるというか。

穂村　うん、自然なおじいちゃん感がある。これくらい滑らかに「あの世」側に行けたらいいよね。河野さんの「息が足りないこの世の息が」とはかなり違う。まあ、これは亡くなった年齢がぜんぜん違うということもあると思うけど。河野さんが亡くなったのは64歳で、空穂は90歳くらいだから。

春日　生への未練という意味では、だいぶ違うだろうね。

死を悟ることで「整う」可能性

春日　「死に備える」というので思い出すのが、SF作家マックス・エールリッヒ（1909〜83年）の『巨眼』という小説でさ。パルマ山の天文台の天文台長が、とある惑星がだんだん地球に近づいてきてることに気づくんだよね。計算したらね、2年と数か月後のクリスマスに地球に激突するというところまでわかる。で、それを発表すると、当然のことながら世界中パニックになるんだけど、でもそれは最初だけなんだよね。衝突まであと1年くらいになると、逆にみんなの腹が据わってきて、世界中がなんか平和になってきちゃうのよ。政治家なんかも、私利私欲ではなく本当に人に尽くしたくなっちゃって、みんな儲けるためではなく、充実感とか社会秩序のために仕事をするようになるの。世界の終わりを前にして、ある意味ユートピアが実現しちゃうわけ。世界連邦ができたりとかさ。でも、着実に惑星は地球に近づいて来る。

穂村　で、どうなっちゃうの？

春日　ついにクリスマスの日が来るわけ。皆1人じゃちょっとキツイからって、だいたい教会とか公園に集まったりして、いよいよだって惑星を見てるんだけど、ついに「来た！」と思ったら、あれっ？　ってなるのよ。

穂村　ん？

春日　結局、衝突するといわれた時間から1時間くらい経過して、「……なんか遠ざかってんじゃねえの？」みたいになって。つまり、ぶつからなかった、という話なのよ。天文台長が、ここは嘘で全人類を揺さぶってやらないと世の中はよくなるまいと考えていたのでした、って（笑）。惑星の衝突を回避できる？　みたいな匂わせをしながら、身も蓋もないラストで観客の度肝を抜いたラース・フォン・トリアーの映画『メランコリア』（2011年）とは真逆のパターンだね。

穂村　その後の世界は書かれていないの？　ニアミスした後、平和に暮らしていた人たちはどうなったの？

春日　きっと上手くいくでしょう、みたいな終わり方だった。絶対そんなわけはないし、また元のいがみ合っていた世界に戻るに違いないんだけどね。俺、この小説を中1の時に初めて読んで、えらい感心したのよ。いやー作家ってすげぇことを考えるな、って。で、机の上に置いといたら、それを母親が読んだみたいでさ。

穂村　やっぱり「すごい！」って？

春日　いや、すっげえボロクソでさ。何これ、バカじゃないの？　みたいな反応で。

穂村　（苦笑）。

春日　当時は、何てシビアな人なんだろうと思ったけど、この前たまたま読み返してみたら、出来に関しては「母親に1票」と思った（笑）。でも、死が近づくことで、かえって整う人もいるのかもしれないという可能性には魅力を感じるな。俺はそこに、「死」を悟ることで自暴自棄になるんじゃなくて、むしろよい方向に行くことができるかもしれないという、いわば希望のイメージを見ているのかもしれないね。

第6章

俺たちは「晩節」を汚すのか？

人生はオルゴールみたいなもの？

穂村　以前、〈オルゴールが曲の途中で終わってもかまわないのだむしろ普通〉という歌を作ったことがあってさ。死について考えたら、そんな気がしたんだよね。

春日　いわゆるゼンマイ式のやつね。巻きが切れると曲も途中で止まってしまう。

穂村　うん。曲がちょうど終わったタイミングでゼンマイが切れるということは、まあないよね。大抵は、次の曲がちょろっと始まってしまったくらいのところでプツンとか。逆に、もうちょっとで曲終わる、というところでプツンとか。人生もそういうものかもな、って。映画のようにさまざまな伏線が回収されて、すべてがキレイに丸く収まった状態で死ぬことはまずあり得ない。だから、「もうちょっと早く終わっていたらキレイだったのにね、残念」みたいなこともあり得る。

春日　いわゆる「晩節を汚す」ってやつだね。

穂村　過去の偉業を台無しにするような言動をしたりね。それで「老害」扱いされちゃったり。

春日　作家なら、これまですごくいい作品を書いてきたのに、それを無にするような駄作を書いちゃったりね。

穂村　往々にして、本人は自覚していないから、はたから見ているとキツいものがある。かといって、予防の手段もなさそうだし……。

春日　まあ無理だろうねぇ。あるいは、本人は特に変わってないんだけど、世間の価値観が大きく変わってしまって、それに伴い同じことをやっているだけなのに評価がダダ下がりするようなケースもある。で、ネットで炎上しちゃったりさ。これも本人としては「俺はこれまでと変わらずやっているだけなのに、なぜなんだ？」というツラさがありそうね。

穂村　うん。その一方で、昔と変わらないことを「ブレない」と言って、ポジティブに捉える向きもあるよね。

春日　でも、まったく変わらないっていうのも、それはそれでどうかと思うけど。成長しない、ということと紙一重でもありそうだし。作家でもたまにいるじゃない、自己模倣に陥っているパターンの人がさ。

穂村　ただ、ある程度は繰り返さないとその人の個性、というふうに認知もされないから、塩梅というか加減が難しいよね。たぶん、自己同一性とも関わってくるんだろうな。過去の自分が最大のライバルです、みたいに言う人もいたりするし。

春日　俺としては、キャリアの長いミュージシャンがアンコールで〝おなじみの曲〟をやると思わせといてやらない、みたいなのは痛快だけどさ。でも、あまりに毎回毎回

「今回は新しいこれをやってみました」ってドヤ顔されるのもダメなのよ。この前までメタルやってたのに、今回は全曲アコースティック演奏のバラードです、なんて言われたら「ふざけんな！」と思うね（笑）。そう考えると、50年近く金太郎飴状態のAC／DCは偉大だなぁ。

穂村　自分の場合、「昔とは変わった」という事実に、物を介して気づくことが多い気がする。趣味で何かを集めていると、熱中しているまさにその時は「これが自分にとって最高の物で、これから何十年と生きたとしても、これ以上に素晴らしい存在に出会うことはないだろう」と信じて疑わない。でも、それから何年か経って情熱が冷めてくると、自分がかつてなぜそこまで熱狂し、執着していたのかが思い出せなくなる。自分の嗜好の変化が、物を鏡にすることでわかるんだよね。それが人のケースだと、中学の時に好きだったアイドルを言い合いっこする時とかに、つい現在の視点から見て、言ってもそう恥ずかしくなさそうな名前を挙げちゃったりする。嘘とは言えないけど、本当の本当に好きだったアイドルは違うのに。

春日　あるねぇ。「俺は若い頃、ローリング・ストーンズ派だったよ」と言うヤツが多すぎるのもそれじゃない？（笑）「嘘つけ、お前、絶対ビートルズ派だったろ？」ってツッコミたくなる。ストーンズと言っといた方が不良っぽくて格好いいからさ、人は過去を、記憶をそうやって捏造するわけよ。

「若さ＝無知」というアドバンテージ

春日　穂村さんは、年を取って作風が変わったみたいな意識はある？

穂村　昔自分が作った歌を見返していて「今だったら、こういう書き方はしない」みたいに思うことはあるかな。もう命令形の歌は作れないな、とかさ。やっぱり、ちょっと恥ずかしいような気がしてきてね。例えば、最初の歌集『シンジケート』の〈ウエディングヴェール剥ぐ朝静電気よ一円硬貨色の空に散れ〉とか〈雄の光・雌の光がやりまくる赤道直下鮫抱きしめろ〉とか。「お前、いったい誰に命令してんだ？」って思っちゃうもん（笑）。でも若い時は、そんなこと考えないから。

春日　その命令している対象っていうのは、実のところ誰になるの？

穂村　要するに、「世界」に命令してるわけ。すごいよね。自分にツッコミを入れずにそういう作品が作れるのは、若くて知識も経験もないから。つまり、世界のことなんて何も知らないからこそ、できてしまう。

春日　じゃあ今、自分より若いヤツらがそういうのを書いてるのを見ると、苦々しく思ったりする？

穂村　羨ましくなることの方が多いね。韻文には、「何も知らないからこそ書ける」ということの成果が、散文に比べてめちゃめちゃ多いんだよ。だから、若さがある種の武器にもなる。〈校庭の地ならし用のローラーに座れば世界中が夕焼け〉という自作を例にすると、もちろん、いくら若いからといって、夕焼けというのは局所的な現象であって、世界中の空が同時に夕焼けになるなんてことは物理的にあり得ないということはわかっているんだよ。でも、その常識的な理解よりも、歌に没入するテンションの方が高いから、「世界中が夕焼け」というフレーズを書けてしまう。

春日　じゃあ年を取ると、常識が勝ってきてしまう、と。

穂村　「そんなわけないじゃん」という現実の介入の方が強くなるよね。もちろんフレーズ自体は、年取ってからでも言葉として浮かんでくる可能性はあるよ。でも、仮に同じ言葉であっても、プリミティブな感覚が欠如してしまっているから、そこに力が宿ってないように感じられてしまうんだよね。

春日　わかる気がする。アルチュール・ランボオ（1854～91年）の『地獄の季節』じゃないけど、「永遠が見えた」なんてのも若い時しか言えないフレーズだよね。

穂村　ああ、本当にそうだね。繰り返しになるけど、詩歌は「知らない」ということが強みになりやすいジャンルなんだよ。リアルな恋愛を知らない時にしか書けない恋歌とかも絶対あって。

春日　言い切るパワーって、結構無知が裏打ちしている例がいっぱいあるよね。確かに、

歳をとると
短歌の作り方も
変わってくる
もんなの？
変わるよ
生理感覚で
作ることが
割と多いから
ただの
言葉だから
自由のはずが
実際には
使えなくなる
若い頃に好んだ
洋服や髪型が
似合わなくなるのに
近いと思う
さすがに
今、着ると、やばい
みたいな…
かといって
その時々の
最高の洋服や
髪型も
見つからないいん
だけどねぇ
私はいつも
一張羅の毛皮

これは年を取ると失われる最たるもののひとつかもしれない。

年を取るとユーザーフレンドリーになる？

穂村　先生はどう？　若い時と今とで、作風が変わったみたいな意識はある？

春日　作風とはちょっと違うかもしれないけど、昔より文章にひらがなが多くなった気がする。

穂村　わかる。あれ何なんだろうね？　それまでずっと漢字で書いてたものをひらがなにしようとしたり、逆にずっとひらがなで書いてたものを漢字にしたくなったりする感覚って。

春日　若い頃は、ひらがなが幼稚とか無知のイメージにつながりそうに思っていた気がする。あと似たところで、年を取ると改行が増えるケースも。例えば、内田百閒（1889〜1971年）は、明らかに晩年が近づくにつれて改行が増えていったよね。俳句の素養があったことなんかも関係しているのかな。ある時期までは、むしろ1段落がかなり長い作家だったのに。

穂村　先生の場合、漢字をひらがなに開くようになったのって、何か理由があるの？

春日　「読みやすさ」みたいなことをかなり念頭に置くようになった気がする。自分が読みやすいっていうのもあるけど、それ以上に、読みづらいものをわざわざ書くなんて迷惑だ、みたいなことを考えるようになったな。短歌の世界では、そういうのない？

穂村　もともと「読者＝ユーザー」が少ないジャンルだからね。それが多ければ多いほど、そのジャンルはユーザーフレンドリーであることを要求される。でも、そもそも数が少なければ、そんなことを考える必要はないもの。とはいえ短歌の世界にも市場価値を求める動きはあって、かつては当たり前だった文語を用いた短歌が少なくなったのは、その表れともいえるかもしれないね。その結果、文語文法を学ぶ場として、長らく「当然入るもの」とされていた短歌結社に属さない若い歌人も増えた。いずれにせよ、読み手が自分の側に原因があるという感覚はどんどん薄れていて、読みにくかったりとっつきにくかったりするのは、ユーザーフレンドリーじゃないコンテンツ側の問題だとみんなが思うようになっていると思う。

春日　勉強して自分で読めるようになりましょう、じゃなくて、コンテンツ側に「読みやすくしろよ」と要求する感じね。

穂村　「洋書が読めないのは、洋書のせいだ。英語がわからない俺のせいではない」みたいな感覚（笑）。それは極端だとしても、でも短歌における文語は、ほとんどそういう存在になってしまっているかもしれないね。まあ、自分が作り手として関わっているジャンルじゃなければ、僕だって「もっと使い勝手をよくしてくれたらいいのに」みたいなことを考えてしまうから、気持ちはわかるけどね。

作品改変は読者への裏切行為？

春日　ユーザーフレンドリーという話とはちょっと違うけど、それで言うと、作家が後年自作を改変したりするケースが気になるんだよね。あれって昔書いたものよりも、作家として成長した、より技術的にも内面的にも成熟した俺が今あの作品を書いたらもっと素晴らしいものになるのでは？　という考えが根底にあるからなのかな？　例えば、井伏鱒二（1898〜1993年）が晩年、代表作のひとつ『山椒魚』を自選全集に収録する際に結末部分を大幅に削除しちゃったじゃない。

穂村　あの改変は、世評的にはどうだったんだっけ？

春日　賛否両論あったけど、概ね大ブーイングだった。

穂村　やっぱり元の方がいい、と。

春日　確か野坂昭如（1930〜2015年）が「すでに書き手の手を離れている作品に、こんなことをしたら困ります」みたいに本気で怒って、『週刊金曜日』に不満を綴った文章を寄稿したりしてたな。まあ、その付近の発言を見る限り、井伏本人にもかなり迷いはあったみたいだけど。

穂村　でも、自分の作品をいじっただけでブーイングされるなんて、偉い人だけの悩みだよね。僕が自分の短歌を改変するって言っても、「どうぞ好きにしてください」って言われるのがオチだよ（笑）。

春日　逆に三島由紀夫みたいに、ほぼ直さない派もいるけどね。彼は400字詰め原稿用紙1枚単位で推敲したら、もう直すことはなかったらしいよ。つまり、次の原稿用紙に取りかかったら、前に遡って直すことはしなかったとか。あれだけ長い小説を書いている人だから、にわかには信じられなかったな。

穂村　三島の場合はちょっと極端だけど、いずれにせよ、一度多くの読者に評価された作品を改変して「正解でしたね」といわれる確率は極端に低そうだよね。だいたいが不評だったり、スルーされちゃったりすることが多いと思う。短歌の世界でも、与謝野晶子（1878～1942年）が過去作を改変したりしたことがあったけど、やっぱり読者的には「これじゃない」感があって不評だったらしいよ。でも、それって受け手が初めて目にしたものをよいと思うバイアスが働いている、という可能性も否定できないよね。

春日　初見バイアスね。水木しげる（1922～2015年）の『河童の三平』とか『悪魔くん』とか、昔描いた作品を後年リブートしたようなものにも同じことがいえるかもしれない。ちょっと荒々しいところなんかも含めて、やっぱり最初のバージョンの魅力には抗いがたいものがあるから。

穂村　ちょっと違うけど、映画の続編とかもね。『ゴッドファーザーＰＡＲＴⅡ（１９７５年）』を見返す度に「これは続編もよかった例外的な作品だな」って必ず思うもの。「よい」と思ったその時の自分の感じ方ごと、人は思い入れの強い作品を心の中に封印してしまうんじゃない？　だから、それを改変された時、自分の気持ちごと否定されたような気がして、傷つけられたように思うんじゃないかな。

春日　裏切られた！　という感覚ね。尊敬していた人が晩節を汚しているのを見てガッカリしたり、それに怒りを感じるのも、根っこの部分で同じような心の動きがあるからなのかもしれないね。あの時の、俺の気持ちを返してくれ！　みたいなさ。

（1925～1970）

三島由紀夫は400文字を遡ってまでしか推敲しなかったんだって

信じ難いでしょ ㊮

太宰は電話の口述筆記で1作できちゃうし

『駈込み訴へ』ね

ちょい ちょい

「全文、蚕が糸を吐くように口述し、淀みもなく言い直しもなかった」
（妻、美知子）

僕なんて重複表現とかすごい書いちゃう ㊙

あ、また募金を募るとか書いてる

単行本で直さなきゃ

俺も調子が悪いと「そして」ばっか使ってる…… ㊮

第7章

俺たちは「変化」を恐れずに死ねるのか？

「老い」と「死」を隔てる、大いなる断絶

穂村 少し前に短歌界の重鎮、岡井隆さん（1928～2020年）が亡くなったんだよね。

春日 塚本邦雄、寺山修司（1935～83年）と共に日本の前衛短歌運動を推し進めた人ね。

穂村 寺山は早くに死んじゃったし、塚本さんも2005年にこの世を去って、最後に岡井さんが1人残った。彼は結社「アララギ」出身なんだよね。お父さんが斎藤茂吉（1882～1953年）の門下だったから。子どもの頃、家に帰ると、自分の部屋から「坊っちゃん、お部屋をお借りしましたよ」とか言いながら昼寝してた茂吉がのっそり出てきたりすることがあったらしい。そういう話を生前いろいろ聞かせてもらったな。

春日 それって、ほとんど「短歌の歴史」に触れる感覚だったんじゃない？

穂村 そうなんだよ。僕らの世代にとっては、近代の歌人なんて完全に教科書の中の人だよね。でも間に1人挟むことで、そんな歴史の領域にいる存在とつながってしまうというのは、やっぱり驚きだったな。「ああ、この人は茂吉と喋ったことがあるんだ！」って。でも岡井さんが亡くなってしまったことで、近代の歌人たちとの縦の関係が失われ

てしまったように思う。早逝した寺山修司なんかも含めて、僕らと過去の人たちとをつないでくれていた最後の生身の存在がいなくなってしまったことで、先人たちが歴史の額縁の中に吸い込まれてしまったような不思議な感覚があった。まさに、「一つの時代が終わった」というフレーズの通りだね。

春日　岡井さんの最後の歌はどんなだったの？

穂村　印刷された最後の作品は、歌誌『未来』に発表した『死について』という、もう直球なタイトルの連作だった。そのうちの1首に〈ああこんなことつてあるか死はこちらむいててほしい阿婆世（あばな）といへど〉というのがあってね。「あばな」というのは、「あばよ」の方言らしいんだけど。死がもう間近に迫っているけど、それでもやはり死は自分に背を向けていて、その素顔を見せてくれない、みたいな歌だよね。僕らもそれなりの年月を生きてきて、若い頃にはまったくピンときていなかった「老い」というものが、5％、10％みたいな感じで徐々にわかるようになってきたじゃない？　それに従って、「死」というものの素顔が何％かずつでも見えるようになっていくのかなという予感があったんだけど、岡井さんのこの歌を読んで、必ずしもそういうものではないのかもしれない、と思えてきた。老いと死は近いものだと思っていたけど、実際には別物なんじゃないかな、って。

春日　それは「老い」が、ある種「死の予行演習」みたいなものになっているんじゃないか、という予想だよね。確かにそう思いがちではあるけど、実際のところ、たぶん似て非なるものだとは思うんだ。

穂村　死に、老いという形で徐々に肉薄していくわけじゃなくて、生の状態から死の状態へ、最後の瞬間一気に行ってしまうような感じなのかなぁ。つまり、体が衰える感覚になじんでいって、最終的に「……98、99、100（死）」となるんじゃなくて、「0（生）→100（死）」といきなり飛んでしまうイメージ。

春日　俺はそっちに近いような気がする。根拠を問われても困るんだけどさ。

穂村　第4章で、渡部昇一の本『95歳へ！』にあった説で、人は徐々に死になじんでいくという話をしたじゃない？　95歳になると、「95％の死」とまではいかなくても、だいぶそれに近いところまで行くんじゃないか、という考え方ね。「死の恐怖」を構成する成分は未知性がそのほとんどを占めるだろうから、既知のものだと思えればそこまでは怖くなるんじゃないか、と。でも先生はそうじゃなくて、いくら体が老いて弱ってきても、死を既知なものとして認識し、それによって安心することはできないという考え方なんだね。

春日　そうだね。老いの向こうに死がある、というよりは、全然それとは異なる断絶があると思っているよ。

ある日、ネギが好きになっていた衝撃

穂村　前章では「晩節を汚す」というテーマで、人間の変化について話したけど、もうちょっとそこを掘り下げてみたいな。さっき「死」が未知だという話をしたけど、考えてみると「老い」に伴う人間の変化も、本人的にはけっこうな未知なる体験だと思うんだ。例えば、歳を取ると味覚が変わるじゃない？　僕はこれがかなりショックだったのね。子どもの時は、料理の中のネギが単なる障害物にしか思えなかったけど、今はネギが大好きなんだよ。あんなに嫌いだったのに。

春日　ある時、気づいたら「あれ……美味しい！」ってなっていた感じ？

穂村　あまりにショックだったから、「美味しい！」と思った瞬間のことをよく覚えてるよ。それは自分で気づいたパターンだけど、人から指摘されてハッとなったこともあるな。東直子さんという同世代の歌人がいるんだけど、ある日電話で短歌の連作について真面目に話していたんだけど、ある瞬間ごく短い間(ま)が生まれて、お互いふっと黙ったんだよね。そしたら、彼女が急に「ぽっちゃり型も好きになってきたとか？」と言うのよ。

春日　その時、別にそういう話をしてたわけじゃないんでしょ？（笑）　唐突に？

穂村　そうなの。それまでの文脈とまったく関係のない話だったから、「ん？」ってなったんだけど。でも僕は、確かにずっと、どちらかというと華奢で繊細なタイプの女性がいいなと思ってたんだよ。で、東さんも付き合い長いし親しいから、その好みを薄々感じ取っていたんだろうね。

春日　でも、なんで突然その話になったの？

穂村　たぶん、長年短歌の話をしている中で、非言語的な情報が徐々に彼女の中に蓄積されていったのかもね。彼女って、そういうタイプのクリエイターだから。それが猿酒みたいに、自然にだんだんと発酵していって、僕の短歌の話を聞いている時に突然「どうもこの人は今、ぽっちゃり型もいけるようになっているんじゃないか」と思うに至った、みたいな（笑）。で、そう言われた瞬間、僕は「え、いやいや！」と否定しかけたんだけど、気がついたんだよね。いや待て、そういえば……確かに昔より、自分はぽっちゃり型も、大きくて強そうな人もいけそうだな、って。

春日　年を取ると、ストライクゾーンは広がると思うよ（笑）。俺もそうだったもん。少なくとも、相手の年齢とかはあまり問わなくなった。

穂村　え、これはそういう話なの？　年を取るとフォーカスが緩むみたいな？　会社員時代に18、19歳の男性新入社員と雑談してて、「年上の恋人はどう？」みたいな話になったのね。彼が「年上、大好きです」と答えたから、「ああそうなんだ。じゃあ25歳とか」って言ったら、いきなり真顔になって「それは無理」みたいな反応でさ（笑）。彼にとっての25歳はものすごく遠い星だったみたい。

春日　思い返せば、小学生時代の1、2歳差とかも、ものすごく大きかったじゃない。すっごく大人に感じられてさ。でもそういう感覚って、年を取るとどんどん変わっていくし、ある程度まで行くと、もはや年の差とかあまり関係なくなっていくからね。なんかこう、遠近法みたいな感じでさ（笑）。

うっかり八兵衛は、助さん・格さんになりたい？

穂村　年を取って、自分としてはいろいろと変わってきているという自覚があるんだけど、どうやらまわりからの見られ方はそんなに変わってないっぽいんだよね。例えば、人生の岐路に立たされた人から相談をもちかけられたことはほぼ皆無。人に頼られるということがまったくない。

春日　ああ、年を取っても、ベースとなるキャラの部分は変わらないわけね。万年「この人に頼っても仕方がない」キャラ（笑）。

穂村　その問題でいうと、テレビとかを見ててずっと気になっているのが、いわゆる「下っ端キャラ」なんだよ。ドラマや映画の場合、主に風貌とか喋り方で役割が決まっちゃうでしょ。例えば、『水戸黄門』のうっかり八兵衛役の高橋元太郎が「助さん・格さんをやりたい！」と一念発起したとしても、黄門さまの脇を固める彼らは顔が濃くて長身で筋肉質でしょ。八兵衛は真逆じゃない？　もともとのキャラから抜け出せない僕は、どうしても彼に感情移入してしまうんだよね。どういう活路があるのか？　どういう脱却の仕方があるのか？　って。

春日　悪役商会的な、ああいう居直り方をするんじゃなくて、あくまで脱却したいんだね。

穂村　その中間もあるよね。超コワい系にまではいかない、俳優の川谷拓三（１９４１〜95年）みたいなバランスの人。下っ端キャラでもあり、悪役的でもある、みたいな。でも八兵衛の境地まで行くと、キャラ変して悪役にもなれなそうだし。

春日　でもさ、八兵衛こと高橋元太郎は、もともとスリーファンキーズのメンバーなのよ。つまり元アイドルグループの人なんだよね。ということは、そこから脱却して八兵衛になるという、ある意味途方もない変遷をやってのけた人ともいえるわけ。

穂村　え、そうなの。知らなかった。それで思い出したけど、昔家でテレビを見てて谷啓が出てくると、その度に父親が「あの人は実は日本で一番トロンボーンの上手い人なんだ」って言ってたな。そういう「実は」は格好いいね。

春日　彼はかつて、ジャズ専門誌『スイングジャーナル』のトロンボーン部門（日本）

でトップだった人だからね。

穂村　なぜ父がそういう反応をしていたかといえば、谷啓の見た目や存在感と、その「実は」のすごさの間にギャップがあったからだよね。そして、それが彼の魅力を引き立てていた。

春日　いい意味でのギャップってやつだね。

穂村　僕には、そういうのがないからなぁ。ギャップを求めてワイルドな振る舞いとかしたら、「あんなふにゃふにゃしてるのに実は暴力男だった！」みたいにマイナスにしか作用しないもの。

春日　穂村さんもいろいろ大変なんだねぇ（笑）。

「憧れは変えられない」問題

穂村　その点では、お医者さんはいいよね。しかも精神科医なんて、いかにも知的でイメージもいいしさ。「あの人はああ見えて医者なんだよ」っていう切り札みたいな。

春日　ちなみに俺はね、妄想を持ったおばあさんを扱うのは日本一だよ。この歳でもね、孫みたいに接することができるから。

穂村　甘えるの？　懐に入り込む？

春日　そういう感じだね。出されたお茶は絶対飲むしね。訪問に行くと、2回に1回は帰りに大袋入りのお菓子を持たされる（笑）。

穂村　つまり、先生はお医者さんであることと、その柔和な雰囲気を活かしているわけだね。キャラを活かしている。そうじゃなくて、自分とはまったく違うキャラを目指すのは、やっぱりキツイと思うんだよ。八兵衛が助さん・格さんを目指すのは。でも気をつけないと、そういうことをやりかねないと思うのよ。

春日　柄でもないことをやっちゃいそうなのね。でもさ、八兵衛が助さん・格さんを目指すのって、ある意味ありがちな憧れじゃん。俺だったら、いっそ人が思いもつかない方向に活路を見いだそうとするだろうな。エスペラント語の権威とかさ（笑）。なんにせよ、自己評価というのは他者からの評価とは違うわけで、そこが思いっきりズレているとしんどいね。

穂村　でも自己評価とは別に、憧れは変えられない、ということもあるわけじゃん。だって、格好いいと思っちゃったら、それはもうどうしようもないんだもの。僕は若い頃ショーケン（萩原健一　1950〜2019年）とか松田優作（1949〜89年）みたいになりたいと思ってて。友人に忠告された。同じ格好いい人でも、まだ路線的に何とかなりそうな、上位互換の余地がありそうなところを目指すべきだ、って。松田優作じゃ、路線もなにもすべてが違い過ぎててどうしようもないだろ、って言うんだよ。

これも
これも！
チーズおかき
ルマンダ

春日　その意見には納得できたの？

穂村　できなかった。いや、そんなことは僕だってわかってるよ（笑）。それでも憧れてしまうし、むしろかけ離れているからこそ憧れてしまうものなんだよ。

春日　でもさ、超美形な男が晩年残念なルックスになることも少なくないじゃない？後ろ向きな考え方として、そっちに期待するという道もある。むしろ、若い時美しすぎると、歳を取ってからのギャップは往々にして激しくなるからさ。骨格からして違うと思っていた沢田研二が、ある時点から自分寄りのルックスになってきたのを目の当たりにして、いろいろと感慨深いものがあったね。

穂村　憧れの対象が向こうから近づいてきた！

春日　まあ、自分が格好よくなったわけじゃないから、そこに喜びを見いだすべきかは微妙なところだけど。

穂村　そういうのを目の当たりにして、先生はどんなふうに思うの？

春日　ざまあ見やがれ、ってね（笑）。「ねえねえ、今の気持ち、どう？」って聞いてみたくなる。

穂村　意地の悪い笑顔だなぁ……（苦笑）。

僕も若い頃は
ショーケンや
松田優作みたいに
ワイルドな人に
憧れてたよ
WILD
……
かわいいねえ
かわいい
かわいい
……
……俺は
今のほむほむが
好きだよ
ぽん
……

第8章

俺たちは死を前に「わだかまり」から逃げられるのか?

実は鬱屈の人、星新一

春日　昨日、星新一（1926〜97年）の評伝を読んでいたんだけど、けっこう面白くてさ。

穂村　ああ、最相葉月の『星新一　一〇〇一話をつくった人』ね。

春日　本文中では触れられていないんだけど、年表を見たら、晩年肺炎になって人工呼吸器をつけたんだけど、それがいつの間にか外れていたんだって。で、事実上の植物状態になって、意識不明のまま1年8か月後に死んだらしい。昏睡状態で1年8か月ってさ、不謹慎かもしれないけど、考えようによっては彼らしい最期な気がしたよ。

穂村　インナースペース感があるから？　そういえば、世界は実は星新一のインナースペースだ、という作品があったよね。平井和正だったかな。

春日　それもあるし、死とはいっても生臭くなくて、ちょっと透明な感じがするじゃない。

穂村　評伝が出たのは2007年とちょっと前だけど、この頃また再評価が進んでいる感じだよね。一時期は本屋さんであまり見かけなかったけど、2013年に『星新一ショートショートセレクション』をはじめとしたベスト版が出たり、文庫も復刊されて

星新一が
見つけた土地を
小松左京が
ブルドーザーで
開拓して
そこに外車で
筒井康隆たちが
遊びに来た……
精密な
コンピューター付き
なんて
たとえ話も
あったね
SF黎明期の
イメージだね

いるみたいだし。

春日　星新一は、デビューした頃、安部公房（1924～93年）のライバルみたいな扱いだったらしいの。今までの日本文学の文脈にはないような、乾いていて、冷たく金属的な作風が共通していると見られていたみたいで。

穂村　そうなんだ。僕の世代では、もうそういうイメージはなかったなぁ。

春日　最初こそ似た扱いだったとはいえ、その後の作家としての在り様はだいぶ違ったものになったよね。星新一は、普遍性を狙った結果、そのわかりやすさから「お子さま向け」みたいなパブリック・イメージになっちゃった……その意味では悲惨だよね。本人も実はそのことにすごく鬱屈してたらしいし。そんな自分を差し置いて、まわりの連中はどんどん評価が上がっていくわけだからさ。安部公房はノーベル賞候補だし、半分彼が見いだしたような筒井康隆は時代の寵児のような存在になっていった。ニコニコしながら、内心は穏やかじゃなかったろうね。

穂村　彼は、どこからデビューした人なの？

春日　江戸川乱歩（1894～1965年）に見いだされて、彼が編集長を務めていた時代の『宝石』に載ったのが最初みたいよ。

穂村　やっぱり乱歩は目利きだね。そして、『宝石』という雑誌もすごいよ。SFの星新一からハードボイルドの大藪春彦まで、いろんな才能を世に送り出しているわけで。

星新一は、最初からあのスタイルだったの？　ショートショート？

春日　うん。デビュー時から、あのスタイルはほぼ完成されていたみたい。

穂村　今でこそＳＦやミステリーの作家が芥川賞・直木賞を獲るのも普通のことだけど、あの頃はまだ難しかったらしいね。ＳＦ作家でも、ＳＦの作品では与えなくて、たまたま普通の小説っぽいのを書いた時に獲らせたりして。人情モノの『雨やどり』で、ＳＦ作家として初めて直木賞を受賞した半村良（１９３３〜２００２年）とかさ。小松左京（１９３１〜２０１１年）や星新一は、確かそのことを嫌がっていたよね。でも結局、そうした習わしが完全に解消される前に２人は死んでしまった。で、筒井康隆がその志を継いで今、純文学の巨匠みたいな存在になっているのかな。

自己嫌悪と折り合いをつける作家、藤枝静男に憧れる

春日　でさ、星新一がはた目にはニコニコしてたけど心の内では実は鬱屈してたらしい、というのを読んで、俺はすごく気が楽になったの。

穂村　鬱屈している状態に共感したってこと？　確かに先生も、この対談では、いつもニコニコしながら心のわだかまりを吐露しているよね。お医者さんをやって、たくさん本も出していて、充実しているように見えるんだけどね。しかも、こんな素敵なマン

ションに住んで、奥さんとも仲がよくて、可愛い猫もいてさ。

春日 まあね。でも、内心いろいろあるんだよ（笑）。まあ、せめてガツガツしたりはしたくないとは思っているけれど。

穂村 ガツガツはわからないけど、実はいろいろ気にしたりするよね。自分の本のAmazonレビューを読むって言ってたのは意外だった（笑）。

春日 このふざけたレビュー書いたヤツを突き止めてやる！ とか思ったりしてね（笑）。まあ、しないけどさ。超然とまでいかなくても、鷹揚としていられたらいいんだけど。

穂村 誰みたいなイメージ？

春日 作家なら井伏鱒二とか。俺も釣りとかしなきゃダメかな。

穂村 さっき乱歩の名前が出たけど、彼は推理小説というジャンルの、日本における開拓者でしょ。みんなに尊敬されていたけど、やっぱり屈託もあったみたいだよね。ただ、彼の場合は自分の趣味や性癖とか、その原因がもうちょっと個人的なものだったようにも見えるけど。

春日 でも、ある時期から推理小説そのものが書けなくなっていた、というのはツラかったんじゃない？ 本心では、『少年探偵団』シリーズなんて子ども向けは書きたくなかったわけでしょ。

穂村　なぜか自己評価が低そうだったよね。乱歩はそれを隠していなくて、「そんなに卑下しなくても」と思うような文章を残している。まあ、時代が下って、本人的にはちょっと……と思っていたであろう仕事にもリスペクトが集まったわけだけど。当時はキワモノとか子どもだまし的な扱われ方もされたのかなぁ。

春日　そういう鬱屈というか、自己嫌悪系としては、俺は藤枝静男（１９０８〜93年）に憧れるんだよね。

穂村　いわゆる私小説作家なの？

春日　ジャンルとしてはそうだね。静岡県の浜松で眼科医をやりながら小説を書き続けた人。作品を読むと、鬱屈している様子がまざまざと伝わってきてグッとくる。自分の人間性とか体験したことについて、もうぐじぐじぐじぐじ書いててさ。で、その自己嫌悪と折り合いをつけつつ、生きていく姿が俺には非常に好ましく映るのよ。

穂村　作家としては、どういう人だったの？

春日　若い頃、瀧井孝作（１８９４〜１９８４年）に原稿用紙をどさっと渡されて、「これに素直に書いてみれば、それがもう作品なんだ」と言われて小説を書こうとしたんだけど、その時は書けなかったんだよね。で、デビュー作を書いたのは40歳の時。それって、むしろ書くことに必然性があったという感じがするし、気合入っているなとも思うんだ。作風としては、やっぱり医者特有の身も蓋もなさがあってさ。「これはもうダメですね、腕を切り落としましょう」的な思い切りのよさを感じさせる。非常にきっぱりとした精神で書かれているであろうことが、作品から伝わってくるんだよね。しかも、作家には酒とか女とか金の話がつきものだけど、作中で言及したことはほとんどない。よくある「原稿が書けない」みたいなくだらないエッセイも書かないし、すごく腹が据わっている人だったの。

医者で、カルト作家で、自己嫌悪……あれ？

穂村　先生は以前、「地に足が着いてる」ことを美徳とするような発言をしていたけど、つまり藤枝はそういう作家だったの？

春日　まさにそう。一家の主として、あるいは夫として、あるいは開業医として、意地を張って「俺がみんなを引っ張っていかないと」的な強い意志を持っていたことが、エッセイとかからも伝わってくる。で、そういう性質が、作品にも非常にプラスな形で出ているんだよね。思い切りのよさという意味では、柔軟というよりも、「え！」というようなことを作品の中で平気でするタイプでさ。自分が言いたいことを言うには普通の私小説の形じゃダメだと思えば、丼やぐい呑みが喋るなんてとんでもない設定を平気で持ってきちゃう。で、そんな大胆な作品『田紳有楽』で、１９７６年には谷崎潤一郎賞を受賞していてさ。

穂村　ちゃんと評価もされているわけね。

春日　ストイックなところもいいんだよ。自分の病院兼住居を建てた時も、わざと真四角な、まったく色気のない建物にしつつ「俺は罪深いから、いわば刑務所に入るような気持ちで作った」とかうそぶいて見せてね。でも、外側に張るタイルはどこそこで特別に焼いてもらった特注品だったりして（笑）。そういうところもお茶目で好き。なんだろうな、藤枝静男は、俺的には一番誠実な人なんだよね。常識に囚われない大胆さとか甘えないところとか、憧れるよ。

穂村　そのチョイスは、先生らしいなと思うよ。少し前に亡くなった歌人の岡井隆さんもお医者さんで、やっぱりそういう「医者で文学者」という系譜に自分がいるという自意識があったと思うんだけど、でも彼の場合は憧れの対象が森鷗外（1862〜1922年）とかのイメージなんだよね。偉いお医者さんで文豪、みたいな。でも、近代と現代とでは時代も離れすぎているし、実際問題として、今はああいう在り方は成立困難だと思うの。それこそ岡井さんくらいの年齢じゃないとさ。そういう意味で言うと、藤枝静男って目標はずっと現代寄りで、いわゆる文豪みたいな感じじゃないよね。昔はそういう言葉はなかったけど、言うなればカルト作家でしょ？

春日　まあ、そうかもね。

文豪なら
井伏鱒二は
憧れるなあ
ガツガツせずに
鷹揚としてて
1898
~
1993
自己嫌悪系の
作家だと
藤枝静男も
いいよね
自己嫌悪とも
折り合いを
つけつつ
生きていく形が
非常に好ましいの
さらに
医者をやりながら
物を書くというね
1908
~
1993
藤枝静男って
現代寄りだから
文豪っていうより
カルト作家だよね
医者で
カルト作家で
自己嫌悪……
先生！
完成
してるよ
あとは精度を
上げるだけ！
カルト
作家……
いいけどさ

穂村　医者で、カルト作家で、自己嫌悪……先生、もうすでに完成してるじゃん！　あとはその精度を上げていくだけだよ。さっき井伏鱒二みたいな感じでいきたいって言ってたけど、やっぱり文豪的な存在じゃなきゃダメ？

春日　いや……カルト作家で十分ですけどね（笑）。

穂村　そうだ、藤枝静男はどういう最期だったの？

春日　最期はね、ボケて死んだ。それも書庫で、台に乗って上の方の本を取ろうとしたらひっくり返っちゃって、頭をちょっと打ったりしたのがきっかけで一気に。

穂村　その死に方にも憧れるの？

春日　そこには別に憧れないけど（笑）。だけどまあ、あの人ならそんなもんかな、という気もするな。認知症ならもはや自己嫌悪どころじゃないから、いわば究極の解脱方法を選んだなって感じがする。

自己総括欲求をめぐって

穂村　先生はよく、全集を出したりしている作家への憧れを口にしているよね。それって、死ぬ前に自分の仕事を総括したい欲望があるってこと？

春日　まあね。あり得ない話だし、想像することすら図々しいのは十分承知しているけど（笑）。

穂村　先生は、書くもののゾーンに幅があるからじゃないかな。お医者として書いた医学的なテキストから、エッセイとか文芸寄りのテキストまであるから、そういうのをテーマ別に分けて一望したくなるというのはわかるような気もする。

春日　全集はともかく、アンソロジーは作りやすいタイプかもしれないね。テーマを決めて、それに沿って過去に書いた比較的出来のいいものを集めればいいわけだから。

穂村　僕は、今のところ、そういうまとめてみたい欲求って湧いてきていないんだけど、もうちょっと経つと変わってきたりするのかな？　でも、江戸川乱歩みたいに日記や手紙、生原稿、メモ、新聞や雑誌の切り抜き、果てには過去に引っ越した家の全間取り46軒分までもをスクラップした「自分史」本を作っちゃう人もいるわけでさ。あそこまで徹底できるならいいかもね。

春日　『貼雑年譜』ね。

穂村　でも自分史も、「旅行編」みたいにテーマを決めてまとめることならできるかもしれない。時系列で、自分が過去にした海外旅行の記録を年表化することくらいなら、そんなに難しくなさそうだし。まあ、一日でできちゃうだろうから、あまり達成感はないかもしれないね（笑）。そういうのは老いてベッドで死を待つような状態になった時に見たくなるかも。

春日　今はまだ、そんな気にはならないね。自分の人生が矮小化されそうで嫌だよ（笑）。

穂村　で、結局着手しないまま死んでしまったりね。あ、でもさ、先生は親から相続したこのマンションを「ブルックリンの古い印刷工場を改装して住んでいる辛辣なコラムニストの住み処」風にリノベーションして、その過程を『鬱屈精神科医、お祓いを試みる』という本にまとめたでしょ。それによって、自分の人生を一望するような欲求はだいぶ満たされたんじゃない？　蔵書とか、集めたコレクションを眺めたりもできるだろうし。

春日　まあ、多少はね。だけど、まだ「とりあえず」感は否めないけどね。

穂村　ここまででも、なかなかできないと思うよ。もっとも、本当は過去の自分のことなんて忘れてしまっている人とかの方が格好いいと思うんだけどさ。

春日　本当はね。

穂村　次の作品のことで頭がいっぱいで、昔のことにかまけている時間なんてない、みたいな。「振り向くな、振り向くな、後ろには夢がない」って誰だっけ？　寺山修司かな。

春日　俺は、自分の過去の仕事が全集になったりするようなことに憧れたりする一方で、昔自分が書いた本が読めないんだよね。

穂村　へぇ、そうなんだ。なぜ？

さぁ。

春日　俺はこんなカス書いてたのか！　って愕然とするんじゃないかと思うと怖くて

穂村　添削しちゃったりして。

春日　直せるくらいならいいんだけれど、「もう全部ダメ！」「救いようなし！」みたいな感じになりかねないと思っていて。でも、自分では不出来な方だと思ってた文章が、この前どこかの大学の入試問題に使われた時は、「意外とよかったのかもな」ってすぐ肯定しちゃったけどね（笑）。

穂村　そこは激怒するくらいじゃなきゃダメなんだよ、本当は（笑）。大学に「なぜこんな不出来なものを使うんだ！」って怒鳴り込まなきゃ。

春日　そうなんだよ、その方が格好いいのはわかってるの。でも、やっぱり嬉しいからさ、つい褒められ待ちをしちゃうんだよねぇ（笑）。

昔の作品は読み返せないいんだよね
「俺はこんなカス書いてたのか！」って
愕然とするんじゃないかと
直せるぐらいならいいけれど
「全部ダメ！」って感じになりかねないからさ
僕もあるよ
そんなことを人に話したら
たしかにあの本は黒歴史ですよね
なんて返されて
そこまでとは思ってなかったのになぁ
ちょい
ちょい
ちょい

第9章

俺たちは「死後の世界」に何を見るのか？

自分ではない自分として死ぬ恐怖

春日　小学生の頃、俺はよく朝礼で気持ちが悪くなって倒れるタイプだったのね。スーッと意識がフェイドアウトしていって、気がつくと保健室で寝かされている、みたいなことが散々あった。死ぬ時もそんな感じなんじゃないかなと思ってるんだよね。フェイドアウトするように、生から死に至るイメージ。その時、意識が戻れば生の続きがあるけど、戻らなければそれまで、みたいな感じ。だから正直なところ、本当は死後の世界もへったくれもないだろうと薄々思っているんだ。でも同時に、それじゃつまらんという気もしたりして。「死＝無」と考えるのも、ちょっと怖い気もするしさ。

穂村　なんかリアルだね。夢の中では、現実とは異なるシチュエーションに置かれていても、それを「これは現実じゃないな」とは疑わないじゃない？　当たり前のこととして受け入れて、夢の中の現実を生きている。だから、死の直前に意識が混濁している時も、たぶんそうなんじゃないかな。つまり、生きている時のクリアな意識のままは死なない。何らかの夢なり妄念の中で、それを自分の現実だと錯覚しながら死ぬのだろうな、って。

春日　つまり、もう「自分」じゃなくなっているわけね。

穂村　うん、この現実界での覚醒した自分との連続性はその前に失われていて、全然違う人間として死ぬんじゃないかな、と。でも、それってちょっと不安に思うじゃない？　それまでの職業とか、家族とか友人とか、自分を形成してきたさまざまな属性がすべて無化されて、いわば「なかった」ことにされてしまうのは。

春日　今までの俺の頑張りは何だったんだ？　とは思いそうだよね。だから人は、死後も生前からの連続性を持ち続けるのだろうか、ということを考えるわけで。それで言うと、あるのかないのかわからないだけにみんな気になるのか、「死後の世界」を描いたフィクションは膨大に存在するね。例えば、前回取り上げた藤枝静男は『欣求浄土』という連作を書いている。そのうちの一編で、死んだ主人公が家族に会いにお墓へ行くエピソードがあるんだけど、なんと墓を自分でガバッと開けて中に入ってくんだよ。

穂村　死者が、物理的にお墓を開けて入っていっちゃうんだ（笑）。

春日　で、そこにはすでに故人となっている家族が待っていて、主人公は「戻って来たよ」とか言うんだけど、本人は角膜かなんかをすでにアイバンク的な所に提供してるんで、眼窩に脱脂綿かなんかが詰まってるんだよね。

穂村　そこはちゃんと現実からの地続きになってるのね。

春日　そうそう（笑）。そういった妙な律義さが藤枝静男の魅力のひとつでね。久しぶりに親と再会した主人公は「僕は悪い子だったよ」とか親父に謝ったりして、「いいんだいいんだ」みたいなやりとりがあって。それから、みんなでお祭りを見に行くんだけど、死んでいるから、みんな透明なんだよ。で、祭りを見て「ああ、面白かった」って、またお墓に帰っていくの。それだけの話なんだけど、死後の一家団欒の様子がなんだか妙に感動的でさ。

現実の中の特異点に「天国」を見る

春日　あとは変化球だと、アメリカのSF作家フィリップ・K・ディック（1928年～82年）の短編『探検隊はおれたちだ』も面白いよ。火星に行っていた探検隊が地球に戻ってくるんだけど、みんな歓迎してくれるだろうと思っていたら、帰るなり銃向けられて殺されちゃうの（笑）。ひでえ！　って思うんだけど、地球人の方は「やれやれ、またこいつらかよ」という反応で。

穂村　「また」？

春日　ネタバレになっちゃうけどさ、オチを言うと、火星に邪悪な異星人がいるらしくて、やって来た探検隊を殺して自分たちの思う通りにできる人間そっくりのクローンを作って、地球に送り込んでいたんだよね。しかもクローン自身も、自分たちのことをもともとの探検隊の人間だと信じ込んでいるのよ。それが延々と繰り返されています、って話なの。

穂村　ってことは、クローンの人たちは理不尽に思っているわけね。

春日　そうそう、「ようやっと帰ってきたのに、なんでみんな歓迎してくれないいんだ？」って。

穂村　ちょっと気になったんだけどさ、死後の世界を描いた作品はたくさんあるっぽいけど、「死後はこうなりますよ」と、はっきりディテールまで描いているケースって少なくない？　作品上の「仕掛け」としてだけじゃなくて、どんな生活をしてるか、みたいな詳細にまで言及しているものはあまり読んだことがない。

春日　確かに、ふわっと描いているのがほとんどかもね。具体的に描こうとすると、丹波哲郎（1922～2006年）みたいになる（笑）。彼は俳優以外に、心霊研究家の顔もあったんだよね。

穂村　自身の著作『大霊界　死んだらどうなる』を映画化したシリーズが有名だね。誰もが想像する、一番ベタな形での天国と地獄が描かれていた記憶がある。

春日　地獄なら、ラース・フォン・トリアーの映画『ハウス・ジャック・ビルト』（2019年）もいいよ。最後に主人公のシリアルキラーが死んで地獄に行くんだけど、そこが超リアルに実写で描かれたダンテの『神曲　地獄篇』そのまんまの世界なんだよね。馬鹿馬鹿しいもんを金かけて本気で撮る姿勢に好感を持ったよ。

穂村　地獄はケレン味のある描写とかもできるから楽しそうだけど、天国を描くのは作家的にどうなのかな？

春日　楽しく幸せで、くつろいだ状態のまま永遠の時間を過ごす、と。それだと、のっぺりとしすぎていて小説にするには難しそうだよね。書いてもあまり面白そうじゃないし。やっぱり直接書くとしたら、よっぽどの戦略を考えないとダメだと思う。素朴にそんなもの書いたら、陳腐なものになって馬鹿にされるに決まっているわけじゃん。あ、同じ天国でも、森敦（１９１２〜89年）の小説『浄土』みたいなアプローチもあるけどね。

穂村　どんなふうに描かれているの？

春日　直接天国を描いているわけじゃないのよ。朝鮮にいた時にお墓の前で踊ってる人たちがいて、「まあキレイ。浄土みたい」と一緒にいた女の子が言った、ってそれだけの話でさ。

穂村　でも、そっちの方がイメージできるかもしれない。現実の中で、そういう特異点みたいなところに差し掛かった時に「天国」というイメージが喚起されると、それで自分の中の天国像が出来上がってしまうことは僕も覚えがあるよ。沖縄の竹富島に初めて行った時、大きな蝶がいっぱいいて、それが胸にばんばんぶつかってきてさ、なんだかこの世の光景とは思えなかったんだよね。以来、自分の中の天国は「大きな蝶が胸にぶつかってくる場所」として定着してしまった。

「完璧さ」がもたらす、死への不安

穂村　現実の風景の中に「あの世」を見るといえば、以前「気がついたら、今週は1回も信号に引っかかっていない」みたいな短歌を見たことがあってさ。これ、「ラッキー！」って感じるよりも、むしろ不穏な感じがするよね。たまたま信号に引っ掛からずに行けることはあっても、ずっと赤信号を見ないでいるなんてことは不可能でしょ？「こんな都合がいいことはあり得ない……実はもう死んでるんじゃ？」的な想像が働いてしまう。天国には青信号しかない、みたいなイメージというか。それこそさっきのディックの小説じゃないけど、自分が死んでいることに気づいてないだけだったりしてね。

春日　アメリカの作家ジャック・フィニイ（1911～95年）の『死人のポケットの中には』という短編小説に、まさにそれと同じような描写があったよ。ホテルで窓の外に大事な紙片を落としちゃうんだけど、それが外壁の出っ張りに引っかかるんだよね。拾いに行こうとその出っ張りを蟹みたいに伝い歩いていくんだけど、あまりに高い場所なんで目がくらんで固まっちゃうの。で、その時に下を見たら、信号が全部、一斉に青に変わるわけ。ずらりと一直線に。読者は、そのシーンで主人公の「のっぴきならない」状況をありありと感じるような作りになってるのね。

穂村　汗がべたべたしてちょっと不快だなとか、蚊に食われて痒いとか、口内炎が痛いとか、人って完璧な状態にあることってほぼないじゃない？　不完全であることに、逆に正常さを感じるというか。だから、あまりにもそうしたノイズがないと、むしろ「死んだんじゃないか？」みたいな不安を感じるわけだよね。こういう感覚が共有されていることを、フィクションを通して知るのは面白いね。天国ののっぺりとしたイメージって、そういう、すべてが完璧であることへの不安、みたいな感覚とつながっているのかもしれない。

春日　小説とか映画はたくさんあるけど、死後を詠んだ短歌とかもあるの？

穂村　「天国」みたいな語彙が出てくる歌はけっこうあるよ。ただ、日本人が天国という言葉を使うと、やっぱりちょっとファンタジーっぽくなるんだよね。「死後」という言葉が出てくる歌の方が、リアルなものが多い印象かな。例えば、僕の所属している短歌誌「かばん」のメンバーだった杉﨑恒夫さん（1919〜2009年）の〈葱の葉に葱色の雨ふっていて死後とはなにも見えなくなること〉とかさ。

春日　いい歌だね。短歌をそんなに読まない俺でもよさがわかる。

穂村　うん。たぶん、「葱の葉に葱色の雨ふっていて」が効いてるんだと思うんだ。死んだら体がなくなるから、目も見えなくなることは知ってるんだけど、その現実をあらためて突きつけられている感じがした。実際、僕は緑内障で目が年々悪くなっていて、「死に近づく=目が見えなくなっていく」という実感が強いし、何なら死よりも先に目が見えなくなる怖さも薄々感じているしね。

春日 加齢とともに失われていく感覚みたいなのが描かれているのがリアルだね。

穂村 でも、この「葱色」というのはどういう色なんだろう?

春日 何となく、薄い緑って感じがするよね。白とグラデーションになっているような。

穂村 そういうふうに、微妙な色合いっていうのも、現世と死後のあわいを感じさせるのかも。この系譜なら、内山晶太の〈わが死後の空の青さを思いつつ誰かの死後の空しかしらず〉とかも。今日のこの空も、昨日までの無数の死者にとっては死後の空で、自分がその仲間に入った時には同じく、もう生者にとっての「今日の空」を見ることはできないんだなぁ、という歌だよね。これもまた、「死後とはなにも見えなくなること」だね。

死と煩悩

穂村 それから、ちょっと強烈な形で天国を詠んだ歌もあって。葛原妙子(1907~85年)の〈ゴキブリは天にもをりと思へる夜　神よつめたき手を貸したまへ〉。人間主体で考えると、天国にはお花畑と美味しいものでいっぱい、みたいなイメージがある。でもリアルに考えると、人間にとっての害獣や害虫だって同じ生き物だから天に召されるわけで、それを排除して考えることは都合がよすぎるよね。この歌の世界では、たぶん天国には殺虫剤とかは存在しなくて、ゴキブリなんかも人間と等しい立場で同居する場所としてイメージされている。でも、「つめたき手」というのがミソで、全能の神に祈りを捧げつつも、ギリギリのところで「人間であることの誇り」を感じさせる。

春日　でも、ゴキブリを出してくるところが、ある意味あざとくない？　しかもカタカナでさ。浮いてしまうようなことをあえてやっている印象を受けるけど、これはアリなの？

穂村　うん。ただ、葛原は明治生まれだから、現在の歌人たちが当然のように持っているメタ的な感覚とはちょっと違うところにいるんだよね。今我々がこのテーマで作ろうとしたら、もうちょっと直接的ではない形をとるかもしれないね。林和清の〈死後の世にもビニールありて季(とき)来れば寒風に青くはためいてゐる〉なんて歌も思い浮かぶな。何となく天国には天然素材しかなさそうなイメージがあるけど、ここではビニールという人工物が存在していることで奇妙な感じが生まれている。これはある種のアイロニーだと思うんだけど、ゴキブリやビニールはかなり現世と近い存在だよね。

葛原妙子の天国を詠んだ歌
(1907~1985)
「ゴキブリは
天にもをりと思へる夜
神よつめたき手を貸したまへ」
人間にとっての害虫や害獣だって同じ生き物として天国に召されるはず
たしかにお花畑と美味しいものだけ……
殺虫剤もないだろうし
なんて考えるのは都合がよすぎるねえ
ロジカルに詰めていくと天国ではみんな仲よくゴキブリも口の中に入れて可愛がる……みたいな
ゾゾ~~ッ
できるかも

春日　どちらかといえば、「俗」側のイメージだね。

穂村　そうね。天国に行きさえすればすべてOKとはいかない感覚があって、地獄とは別に、天国ならではの怖さみたいなのがあるのかもね。

春日　天国に行ってもなお、現世のカルマから逃れられない、みたいな。

穂村　あと、斎藤茂吉の歌に〈彼（か）の岸に到（いた）りしのちはまどかにて男女（をとこをみな）のけじめも無けむ〉というのがあって、文語体でちょっと読み取りにくいんだけど、「けじめ」は区別という意味で、つまり、死んだ後は性別がなくなるって内容なのね。これを書いた当時、茂吉は弟子の若い歌人と不倫をしてて、世間的に叩かれていたの。だから、死んで性別のない世界に行ったら色恋ごともなくなって心穏やかにいられるのに、と詠ったわけね。で、これの本歌取りに当たると思っているのが、佐藤弓生の〈男でも女でもないまるめろのかがやく園と思えり死後を〉でさ。ここでも「男でも女でもない」と、性のない死後が一種の楽園のようなイメージで詠われている。こちらはいわばフェミニズム的視点で書かれた歌だよね。多くの人にとって、現世では性別や性差が苦しみの根源だったりする。彼女のペンネームが一見すると男性なのか女性なのかわからない形をとっているのも、その感覚や問題意識の表れなんだと思う。あと茂吉には、〈たまきはる命をはりし後世（のちのよ）に砂に生れて我はいるべし〉という死後を詠った作品があるけど、死んだら何もなくなるとか、来世なんかない的なことはよく言われるけど、「え、砂なの!?」みたい

オマエハ
ショウジキ
モノダ
天国？
イヤイヤ
ジゴクイキヨ

な面白さがあったな。

春日　性差がなくなるのも、砂になるのも、どちらも生々しさが抜けていく感じがあるね。しかし、みんな淡白な死後をイメージしてるんだな。天国で好きな相手とヤリまくるみたいな発想にはならないんだね。

穂村　それは竜宮城だねぇ。

春日　人は死んだら煩悩が全部消える系の発想とは真逆だよね。むしろ、天国で生前のエゲツない妄想を全部実現させてやるぞ！　みたいなさ（笑）。

穂村　そういうことを言ってると、天国に行くか地獄に墜ちるかのジャッジをされる時、鬼に心の中を読まれて「けしからん！」って地獄行きにされるんじゃないの？

春日　いやいや、わからないよ。死んでもなお、そんな煩悩の塊みたいなこと考えているのか！　お前は正直だな、って天国に行かされることを俺は期待しているけど。

穂村　そんなのアリなの!?

春日　「いやー、俺も薄々そう思ってたんだよ」って、鬼に肩叩かれたりしてさ（笑）。

穂村　正直に言うと金の斧がもらえます的な。そう上手くいくかなぁ……（苦笑）。

第10章

俺たちにとって死は「救い」になるのか？

〝いつもの〟パターンを断ち切るために

春日　小学6年生の時に、図工でペン画を描くことがあったのね。好きなものを描けっていうんで、どうしようかなと思ったんだけど、まわりのみんなはうさぎ小屋のうさぎとか、校庭の植物を描いたりしているわけ。でもさ、ペン画でそんなもん描いたってしょうがないじゃん。絵筆とかと違って細かく描き込めるんだから、やっぱり精密でメカニカルなものを描かなきゃ。で、学校にオートバイで通っている先生がいるのを知っていたから、俺は校舎の裏にある駐車場に行って、ホイールのところを精密に描き込んだバイク画を完成させたの。我ながらなかなか上手く描けたなと大満足で、まわりのみんなもえらい感心してさ。学校に張り出されて、俺は非常に鼻高々だったわけよ。その後、返してもらってから家で母親に見せたのね。

穂村　出た！　先生のお母さんネタ（笑）。どういう反応だったの？

春日　全然認めてくれないのよ。

穂村　うん、予想通りの展開（笑）。

春日　母親いわく「あんた、こんな細かいところまでちまちま描いて」。細部にこだわった結果、絵全体としては弱々しいものになっている、という評価を下されたんだよね。デッサンが狂ってる的なことも言われたな。でもさ、小6の子どもが描いたものだし、下描きもせずに直接描いてるんだよ？　弱々しいも何もないだろ！　と思うよ。それで俺はすごくガッカリした、という思い出があって。でさ、どうも俺の人生というのは、概ねこういうパターンの繰り返しなんじゃないかと思うんだよね。つまり、直感的に「こういう方がいいだろ」みたいな勘が働いて、それはそんなに外してないと思うのよ。センスはまずまずある。この例なら、うさぎよりはバイク描いた方が効果的だろう、みたいなことね。で、部分的にはそれなりのものになって、素人をだまくらかすことはできるんだけど、結局全体としては「デッサンが狂った弱々しい絵」に類するものしか作れない。俺は、そういうようなことを延々繰り返して死ぬんじゃないか、という気がしてならないんだよね。今度こそその〝いつもの〟パターンを脱却してやる、と用意周到に準備するんだけど、結局また同じ道を走っている、みたいな。最近、ほとほと嫌になっているんだよ。

穂村　個々の結果以前に、同じパターンにはまっていることに絶望しているのね。

春日　これってもう、運命的にそこから逃れられないということなんじゃないか、という気がしてきてね。「死」しかもう、このパターンを断ち切る手段はないんじゃないか、みたいに思えてくる。ある意味、死が救済になるという期待ね。

穂村　でも、それは「逃れられた」ことになるの？

今日も精神科医と歌人が「死」について話してる
死は救済になるというと
負の呪縛はアイデンティティなの
生まれ変わったら物になると
のび
……
じ〜〜〜〜
そんな話はいいから
その皿の上のものをちょいと齧らせてくれないかね

春日　まあ、「かもしれない」という程度の期待でしかないんだけどさ。つまり、そこで死んで生まれ変わったとしたら、今度はもうそんなパターンには囚われない人生が待っているんじゃないか、って。もっとも、単なる永遠の安息になるかもしれないし、何の保証もない話だけどね。上手いこと生まれ変われても、今度は女版の俺になって、また同じパターンの人生を歩むことになるかもしれないし。

「負の呪縛」は主観的

穂村　でもさ、ループにハマっているというのは、先生がそう思っているだけなわけだよね？　少なくとも僕は、はたから見ていて別にそうは思わないもの。

春日　他人にはそう見えなくても、俺的には薄々輪郭が見えるわけよ。自分のはまり込んでいるものの実態がさ。穂村さんは自分で同じパターンの反復をしていると思うことはない？

穂村　そうだなぁ、そういえば、ありそうな気もするね。こないだ新聞に投稿されてきた短歌で、〈通訳も翻訳も資格を取ったれどそこがゴールで実践なきわれ〉（石田恵子）というのがあって面白かった。僕は資格も取らないけど、こういう人はいそうだよね。そして、自分の人生にも、繰り返される一つのパターンみたいなものはありそうだなと思った。でも先生は、それがすごくネガティブに感じられるわけでしょ？

春日　そうなんだよ。

穂村　ただ、力士の得意の決まり手みたいなものもあるわけで、それはパターンを肯定的に捉えているわけでしょ。先生は、勝ちパターンじゃなくて、負けパターンばかりが気になってしまうんだね。でも、そこから「死が救いになる」という方に行くのは、やや極端すぎる気もするけどなぁ。生きていること自体に逃れがたい苦痛の呪縛があるという捉え方をしている人にとっては、パターンとか関係なく、単純に死が救いになるという発想はわかるけれど。

春日　まあね。でも、「またかよ！」という感じで呪縛が繰り返されるんだよなぁ。

穂村　「死が救いになる」ということとイコールだとは言えないけど、「死」によって、当事者の苦痛がひとまずなくなる、という意味では、老々介護の末の心中とかはわかる気がする。問題とそれを脱するための「死」という役割がはっきりしているから。でも、僕のかつての担当編集者で早逝した二階堂奥歯さんみたいに、優しい家族も恋人も友だちもいて、才能もあって、外からは何の問題もなさそうなのに「とてもここにはいられない」という感じで、世界からの出口としての死を選んだというケースもある。そこに現実レベルでのわかりやすい因果関係は見えてこない。ただ、遺された言葉から思いだけがびりびりと伝わってくる。つまり、主観的な「負の呪縛」というのは、他人には見えないものなんだろうね。

春日　ゆえに共感もされないから、ますますしんどくなるのかもね。まあ、俺は自殺する気はないけれども、死ぬ瞬間に「やれやれ」とは思うかもしれないな。これでもう、このクソ鬱陶しいパターンとお別れだぞ、と。

穂村　死んで生まれ変わる前に、天国でお母さんに会って、今の先生の技術でオートバイの絵を描いて見せてみたら？　先生、解剖図描くのとか得意だって言ってたじゃない？

春日　じゃあ、死ぬ前にきちんとデッサンの練習をしとかなきゃな。

穂村　それでも、なんとなく「あんた、何これ？」って言われる姿が目に浮かぶけどさ（笑）。

春日　それじゃあもう無間地獄だね（笑）。

「負の呪縛」はアイデンティティ？

春日　本当は生きているうちに苦痛の原因が取り除かれたり、「負の呪縛」から逃れられたらいいんだけど、仮に問題が魔法のように解消されたとしても、面倒なことに「そんなわけがない、これは例外だ」とかも思いそうな気がするんだよね。

穂村　ああ、にわかに信じがたい、と。

春日　そうそう。「おかしい、罠だ！」って。

穂村　「俺を油断させといて、何をする気なんだ!?」と思ってしまうわけね。じゃあさ、先生の本がベストセラーになって、本屋の棚一つが丸っと自著で埋まるようなことがあっても喜べない？

春日　うん、相当に悪辣な策略が仕掛けられていると思うだろうな。

穂村　俺をベストセラー作家にしようとする陰謀が！　みたいな（笑）。

春日　で、俺が「サインでもしましょうか」と出てきたら、上からバケツに入った豚の血が降ってくる（笑）。

穂村　スティーヴン・キングの『キャリー』状態。

春日　つまり、自分がそのパターンに安住している、という面もあるんだろうね。「またこれかよ」と思いながら、それが俺のアイデンティティにもなっていて、顔をしかめつつもどこか安心している、みたいな感じがある。そして、そのことがまた嫌なわけ。

穂村　他者との間に、そういう共依存関係ができている人って少なからずいるけど、それが1人でも成立してしまうというのは面白いよね。で、そういう人を説得しようとして、怒らせてしまうことがある。先生みたいにメタ的思考がある人とは話し合いもできるけど、そうでないと何を言っていいのかがわからなくなってしまうんだよね。本人が嫌

だって言うから、こっちもその嫌なことを取り除くための方法を考えるわけだけど、相手はそれに対して「俺が育ててきた負けパターンを取り上げるのか！」というような反応をしてくる。「え、どっちなの？」と困惑してしまうよ。

春日 確かに、そうなると他人はもう何も言えないからね。

穂村 でも、自分にも、そういう〝心地よい自虐〟みたいなものってあるから、わからないでもないんだけどね。その辺を上手く手なずけて、程よい関係を作れれば、「死」も心穏やかに受け止められるようになるのかな？

春日 でもさ、そんなふうに上手く割り切れてしまうということは、そのパターンの呪縛は、すでに効力を失っているとも言えるよね。本当に「死」を自分にとって救いにしようと思ったら、囚われているパターンはハッキリしていて、それがしっかりと自分を責め苛んだ方がいいと思う。そうじゃないと、「解放されて楽になる」感も目減りするだろうし、死という「究極の解脱」が効果を失ってしまいそうな気がするから。

生まれ変わったら何になりたい？

穂村 さっき「生まれ変わったら」という話があったじゃない。今の自分の境遇には不満があるけど、来世では現世で抱えている悩みがすべて解決していて、新しい自分としてやり直せる、みたいな考え方もまた「死」が救いになっている例の一つだよね。

春日　最近は漫画とかでも、いわゆる「転生モノ」が流行っているんでしょ？　ダメ人間が不慮の事故とかで死んだら異世界に転生して、そこでは最強！　みたいなの。人は生まれ変わりというものをわりと安易に考えがちだよね。俺も好きで、よく考えちゃうもの。

穂村　先生の中では、どういうイメージ？

春日　俺はね、人間に生まれ変わるんじゃなくて、物になるんじゃないかと思っていて。

穂村　え、それって例えば？

春日　鉄橋の橋桁とか。

穂村　物っていうか、もはやパーツじゃないの（笑）。

春日　しかも一番負荷のかかるところ。おまけに濡れて体からサビ吹いちゃったりして。

穂村　それじゃあ、生まれ変わっても楽はできなそうね。

春日　もうちょっといいところなら、どっかのお屋敷の庭園にある日時計に生まれ変わることを夢想するよ。

穂村　なんだかお洒落というか、優雅な感じね。

春日　でしょ？　で、トカゲかなんかが遊びに来てさ。何にもしていなくても、自分の影だけで人の役に立ってるというのがいいな、って。あと考えたのが、温度計のガラス管に入ってる赤い液体とか。

穂村 だいぶ設定が細かくなってきた（笑）。

春日 ほら、温度計は誰も粗雑に扱わないでしょ？ あれも気温によって伸び縮みしていれば、それだけで役に立つもんね。暑い寒いと言ってはみんな注目してくれるし、上手くすればガラス越しにテレビも見られる。ま、そういう目論見でいると、似て非なる普通の水銀体温計に生まれ変わって、病院で嫌なヤツの脇の下に挟まれたり、肛門に突っ込まれちゃったりしてね（笑）。

穂村 こんなはずじゃなかった……って（笑）。僕は、物に生まれ変わるという発想はなかったなぁ。

春日 物なら、他人に気を遣ったりしなくていいしさ。気楽じゃん。

穂村 同じ人間だけど、今とはぜんぜん違う性格に生まれ直すとかじゃダメ？ 人に全然気を遣わないオラオラ系とかさ。

春日 うーん、それはそれで面白いのかもしれないけど。どうかなぁ。

穂村 物は物でいいとして、先生はなんか役に立つものばかりを挙げるよね。ただの石とかじゃダメなの？

春日 まあ、それでもいいけどさ。自分の下に気持ち悪い虫が巣を作ったりしたら嫌じゃん。

穂村　物に生まれ変わっても、感覚や価値観は人間のままなんだ。

春日　ただのコスプレとしか思ってない、というね。だから、女優の誰それのマスクになりたい、みたいな発想になりがち（笑）。

穂村　僕はかつて会社勤めをしていた時に人事部で、面接とかもしていたんだけど、転職してきた人が「こんなはずじゃなかった」と言っているのを何度も見たことがあるよ。つまり人は転職したくらいでは、なかなか新しい自分にはなれない。未来を拓くはずの留学でノイローゼになっちゃった友だちもいる。そう思うと、僕は転生にもあまり期待はできないなぁ。でも、こうしてねごとちゃん（春日先生の愛猫）を眺めていると、猫はどうかなって思ったりするよ。

春日　いや、それもさ、どこで飼ってもらえるかによるよ。北海道の野良猫になったりしたら大変よ。超ハングリーな環境だろうし。しかも、あんまり寒いんで車のエンジンルームで暖を取っていたら、エンジンがかかって……。

穂村　まさかのバッドエンド！　可愛くて、みんなに愛される存在としてやり直そうと思ったのに……。やっぱり一発逆転は危うい発想なのか。それとも、この場所で地道に行こうと思うように仕組まれているのか。

俺は生まれ変わったら「物」になるんじゃないかと思うんだよ
例えば鉄橋の橋桁とか
でも一番負荷がかかるとこで、サビだらけだったりすんの
どこかのお屋敷の庭園の日時計や
温度計のガラス管に入ってる赤い液体でもいいなあ
でもうっかり体温計になっちゃって嫌いなヤツの脇の下や肛門に入れられたりして……
鬱々
極寒の北海道の野良猫になったりしたら大変だよ
車のエンジンルームで暖を取ってたらエンジンが……
あああ…
よくもまぁそんな憂鬱になる結果ばかり思いつくなぁ
もう少し楽しいイメージはないの?
「物」じゃなく気ままな猫とかさ
かわいいねぇ

第11章

俺たちは「他人の死」に何を見るのか？

追悼文は月並みがいい？

穂村　僕は、実際に亡くなった人を目の前にした経験ってあんまりないんだけど、お葬式とかでそういう場面に立ち会うことになると、静かなパニック状態に陥ってしまうんだよね。なんというか、「ここにはいられない！」みたいな気持ちというか。もちろん、実際にその場を逃げ出すとかではないんだけど、頭が一種の空白状態になってしまう。

春日　わかる気はするよ。空白を感じる時もあるし、その場の空気が威圧感の塊みたいに感じられる時もあるもんね。

穂村　うん。空白に威圧されているみたいな感じかな。その時、その場で自分が成すべきことがわからないし、仮にわかったとしても、とてもできそうに思えない。〈底知れぬ謎に対ひてあるごとし／死児のひたひに／またも手をやる〉って、石川啄木が子どもを亡くした時の短歌なんだけど、これを見て「ああ、自分だけじゃないんだ」と思った。

春日　で、無力感に打ちひしがれる、と。

穂村　そうなの。例えば、亡くなったのが友だちの場合だったりすると、やっぱり故人に対する言葉を何か言った方がいいんだろうな、ということはわかる。でも、棺に入った姿を目の当たりにしてしまうと無力感に囚われてしまって……。「さようなら」とか「ありがとう」とか、「もうちょっと僕はこっちで頑張ります」とか、そういう言葉を発することができず、自分が「無」の状態になってしまう。でも不思議なんだけど、後日その時の心のうちを文章にすることとかはできるの。

春日 それって何が違うの？

穂村 それは結局、読者に向けて書かれている文章なんだろうね。だから書ける。でも、故人当人に向かっては言葉が出てこない。「ありがとう」とか言ってみても、なんかフワフワと感じられてしまって。

春日 俺は故人について、想定読者なしで書いたことがあるよ。

穂村 弔辞として？

春日 いや、単にエッセイみたいな形で。どこからも依頼なんかされてないけど、依頼原稿と同じように書いた。

穂村 語りかけるような感じで書いた？

春日 ううん。あの人はこういうことを言って、こういうふうな人物で、こんな「いかにも」な出来事があった、みたいなことを淡々と。

穂村 でも、そういう時でも「透明な読者」みたいな形での、想定読者っていない？

春日 いるといえばいる、のかな。自分で一人二役を演じてね。読者役の俺は書いている俺よりももうちょっと素直で常識をわきまえている、みたいな設定だね。しかしさ、追悼文がやたら上手いヤツっているよね。普段は別にそうでもないのに、故人を偲ぶとなると急に「お、やるじゃん」ってなる（笑）。と、ちょっと小バカにするような言い方をしたけど、そういうことをサラッとできちゃう人って、生活者としてすごくグレードが高いなと思ってしまうんだよね。葬式とかで、挨拶を見事にしてみせるタイプとかさ。

穂村　先生にとって、いい追悼文ってどんなもの？

春日　没個性的な方がいいな。あえて月並みを書ける方が、大人として練られているという感じがする。変に気の利いた追悼文を読まれると、そこで個性出してどうすんだよ、とか思っちゃう。

際どい追悼文は敬愛の裏返し

春日　穂村さんは交流関係も、関わるジャンルも幅広いから、追悼文の依頼はけっこうあるでしょ？

穂村　でも、書けないことも多いよ。先日亡くなった歌人の岡井隆さんの時もそうだし、先生との共通の友人だった漫画家の吉野朔実さん（1959〜2016年）の時も、最初に依頼が来たものは断ってしまった。追悼文の特徴として、さっき死去の報せを受けたばかりなのに、締切が明日とか明後日みたいな感じになるんだよね。それで無理と思っちゃったんだ。あと、新聞とかだと、どうしても業績紹介みたいな感じにならざるを得ないじゃない。みんなそうだろうけど、それもその時の自分の気持ちからはズレるんだよね。

春日　即時性が高い媒体だと難しい、ということね。じゃあ、少し時間をおけば書けるということ？

穂村　吉野さんの時は、ちょっと遅れて自分の連載の中で、「追悼」みたいな冠なしで書いたよ。ごく私的な感じでね。ただ、それが許される関係性と、許されない関係性がある。自分が、その人の業績をきちんと説明しなくてはならない立場にある場合とかさ。岡井さんの場合は、その役割はお弟子さんたちが担うことになる。僕はそういう関係性じゃなかったから、時間が経ってからでも、私的な内容でもよかった。先生は、『本の雑誌』の吉野さん追悼号（２０１６年8月号）に文章を寄せてたよね。

春日　うん、だけど他の人たちが書くであろう内容とのバランスがいまひとつ取りづらくてさ。だから『猫と偶然』という本を一昨年出した時に、書き下ろしのエッセイみたいな形で俺の心情を少しばかり書いたの。Yさん、という表記にしたけど。ま、それはそれとして、結局、岡井さんの追悼文は書いたの？

穂村　うん。やはり個人的な思い出を書く形でね。岡井さんの最後の言葉は「無念」だったと聞いた。92歳まで生きて、倒れる直前まで仕事をし続けた。つまり、一般的に見れば大往生なわけだけど、それでも「無念」というところが岡井さんらしいなと思った。

春日　穂村さんは、普段追悼文を書く時、どういうふうに書くの？　その人がいなくなってしまったことに焦点を当てるとか、生前の仕事ぶりとか人柄にフォーカスするとか、いろいろあると思うんだけど。

穂村　追悼文って、その故人との関係性で決まるから、型みたいなものはないよね。自分との関係をなるべく純化して書くしかないような気がする。ただ、同じ追悼文でも、媒体の違いでタイミングや内容が変わらざるを得ないから、無理だと思ったら依頼の段階で断るしかないんだよね。

春日　これを書くと失礼になっちゃうかも？　みたいなことは悩まない？　どこまでぶっちゃけていいのか、みたいな。これはちょっと不謹慎かも？　って躊躇したりさ。

穂村　自分の中にある感情が、どの程度敬愛の想いに裏づけられているかによるかな。それさえあれば、エピソードそのものが不謹慎だったとしても、ある程度はＯＫな気がする。逆に言うと、そこまでの感情がない場合、書いていいか迷うようなエピソードをわざわざ入れようとは思わないもんね。際どい話を書きたいと思う背後には、それだけの思い入れが相手に対してあるからに他ならないだろうし。でも、不謹慎かどうかといえば、岡井さんが亡くなった後、一番最初に僕が言及したのはラジオだったんだよね。業績に触れつつ、歌を何首か引いて話したんだけど、その中のユーモラスな歌を解説しながら、思わず笑っちゃったんだよ。でも、それがどのくらいいけないことなのか、よくわからなくて、後から思い返した時に「そういえば僕は亡くなったばかりの大先輩の歌の話をしながら、笑ってたぞ」って。でも、それはある意味、歌の力を示すことでもあって、いいと思えたんだけど。

1回しか会ったことのない人が感じる「真実」もある

春日　そういえば、最近じゃ、葬式で平気で故人をスマホで撮ったりするらしいじゃん。で、ツイッターに上げちゃったりしてさ。

穂村　えっ、「穏やかな死に顔でした」とかコメントを添えて？　それはさすがにまずいんじゃないの？

春日　その手のことやって炎上したヤツがいたな（笑）。ＳＮＳといえば、訃報に対する追悼の反応が早いよね。故人との関係とか、ファンがその人を何で知って、どういう影響を受けたのか、みたいな内容の投稿ね。で、それに対して「お前の話なんか知らんよ」みたいに揶揄する人がいたりして。

穂村　確かに、流れがわからないとまるで何かをアピールしてるように感じられる時があるかも。

春日　自己主張の道具になってる、ということだよね。チープな人間性が浮かび上がってくるなぁ。

穂村　ネットでの追悼といえば、『女子をこじらせて』『東京を生きる』など、女性の生きづらさやジェンダー問題について優れた文章を残したライターの雨宮まみさん（１９７６〜２０１６年）が亡くなった時、詩人の文月悠光さんが言っていたことが印象に残ってる。大好きな雨宮さんの訃報を知った彼女は、みんながどう悼んでいるか知りたくて検索をしたんだけど、その時に「雨宮まみ」ではなく、「雨宮さん」という言葉で検索したんだって。

春日　「さん」付けで検索してみる——ああ、気がつかなかったなぁ。

穂村　ネット上って、やっぱりいろんな言葉が飛び交うじゃない。その中で、雨宮さんに対して「さん」付けで呼ぶ人の声だけを聞きたいと思ったんだって。彼女に対して、親しみの感情を持っている人たちの声だけに耳を傾けたかったわけだよね。よくわかる気がした。岡井さんが亡くなった時も、やはりツイッター上には追悼の言葉がたくさん流れたんだけど、彼は高齢だったから、ネット上で発言する若い人たちとの間にかなりの年齢差があって、ゆえに発言も深い関係性に根ざしたものは少なかった気がする。年齢が近かったり関係の深い人は、そんなにＳＮＳをやっていないからね。でも、僕はそれはそれで悪いことじゃないと思ったんだ。

春日　ネットでは、どういう追悼コメントが多かったの？

穂村　「たった一度だけ会ったことがあって、その時はこうだった」みたいな感じ。そうすると、「なんだ、自分のことばかり書いて」「たった1回で何がわかるんだ」みたいに言う人が必ず出てくるけど、たった1回でも「その時の、自分にとっての岡井隆はこういう人だった」と発言し合うのはいいことに思えたんだよね。そういうささやかな思い出の蓄積も意味があると。　1回だけ会った人が感じる「真実」もあるだろうからね。1人の人が亡くなって喪失感に包まれた夜に、ささやかでも1人ひとりが発した言葉を読みたいと思った。先生は、何か強く印象に残っている追悼文ってある？

春日　作家の小沼丹（1918〜96年）が、小山清（1911〜65年）の思い出を書いた文章があってね。追悼文には該当しないのかもしれないけど、没後21年目に書かれた『小山さんの端書』という短文でさ、小山からもらった3枚のハガキと、彼の最初の創作集の出版記念会の案内状、その文面をそっくりそのまま紹介しながら静かに思い出を語っているんだけど、人柄だとか運命なんかがさりげなく語られるそのトーンが素晴らしいんだ。ああいうのを読むと、追悼文は書く人間の人間性まで見えてくるのがわかってちょっと怖いね。

穂村　僕は、狩撫麻礼（1947〜2018年）という漫画原作者が亡くなって、2年後くらいに出た追悼本『漫画原作者・狩撫麻礼 1979-2018《そうだ、起ち上がれ!! GET UP, STAND UP!!》』が印象に残っているな。彼はかつて、漫画原作者をしていたことのある作家の関川夏央と漫画家のいしかわじゅんと3人で盟友関係みたいな見られ方をしていた時期があって。でも、ある時以降、その2人と絶縁しているんだよね。原因は、自作の漫画の中で、彼らのことを揶揄して、それが洒落になっていなかったから逆鱗に触れてしまったらしい。でも、そうした過去はあったけど、その追悼本に2人とも書いているんだよね。その事件にも触れられていて、わだかまりが完全に消えているわけでもなさそうで、にもかかわらず追悼の文章を書いたということがなんとなく心に残った。生きているとどうしようないことってあると思うし、死はその最たるものだから。

春日　しかしさ、自分に寄せられるかもしれない追悼文とかを考えると、なんだか複雑な気持ちになるよね。

穂村　自分じゃ読めないしねぇ。

春日　何を書かれたか知りようがないからね。「変な追悼文書かれたくないから、あいつより先には死ねない！」とか思ったり（笑）。

追悼文といえば 岡井隆さんが 亡くなった時も ツイッター上には たくさん 追悼の言葉が 流れたよ
1928～2020
「一度だけ会って その時は こうだった」 みたいな
そうすると 「たった1回 会ったぐらいで 何がわかるんだ」 みたいに 言う人が 出てくるんだよね
なるほど ねぇ
僕は たった1回でも 発言し合うのは いいことに 思えるんだけどな
1回だけ 会った人が感じる 「真実」も あるだろうし
1人の人が 亡くなって 喪失感に 包まれた夜に
ささやかでも 1人ひとりが 発した言葉を 読みたいと 思ったけどなぁ

穂村　岡井さんが生前、「最後まで残った人間は全員の追悼文を書かなきゃいけない」って言っていたな。盟友だった塚本邦雄が亡くなった時の追悼文は、なんと5回くらい書いたらしいよ。いろんな新聞に違った内容で書き分けたというからすごい。あまりに関係が近かったり、他の仲間が死んでいて、もうその人しかいないみたいなことになると、そういうこともあるんだね。

他人の死にうろたえてたら医者はできない

穂村　先生は仕事柄、普通の人よりも「死」というものに頻繁に接していると思うんだけど、「他人の死」と、来るべき「自分の死」とは、近いものとして捉えている？　それとも遠い？

春日　他人の死と、自分の死は、まあ全然違うよね。俺は、はっきり言うと、他人が死ぬことについては何とも思わないんだよね。まあ、しゃあないじゃんという感じでさ。一方、自分の死に関しては、これまでの発言を振り返れば明白なように、ぐじぐじと考えてしまいがちで（苦笑）。

穂村　でも、同じ他人でも濃淡があるでしょ。関係性によって変わってくるんじゃゃ？

春日　うーん、多少の濃淡はあるけど、やはり他人ということでどこか冷淡なんだなぁ。

母が亡くなった時は涙でも出るかと思ったらそんなこともなかったし。喪失感はあったけど、泣くのとは文脈が違うと感じていたしね。そのあたり、ちょっと俺の心は問題があるのかもしれないな。ドライすぎるのかね。だって外科の連中なんかはさ、自分の家族のオペは決してしないなんて不文律があるくらいでさ。

穂村 そうなんだ。

春日 そう。手術するのが身内とかだったら、やっぱり「痛いかな」「死んだら悲しいな」みたいな余計なことを考えてしまって、判断が鈍るということがあるから。俺もそこは同じだろうと思うんだけど、死者になってしまったということになるとたちまち他人モードに切り替わっちゃう、ということね。

穂村 つまり、職業的な意味で「平気」ということね。

春日 そうだね。患者が死ぬのはもちろん残念なことだし、死なせたくない。でも、それは現実に起こり得ることでもある。産婦人科にいた時は、他に癌患者も扱っていたから、死はとても身近なことだったよ。精神科として遭遇する患者の死は、自殺か、原因不明の突然死か、だいたいそのどちらかかな。最近あの患者来ないな、と思ってたら死んでたとか、あるいは警察から問い合わせが来て、その死を知る、みたいな感じだね。いずれにせよ、患者が死ぬたびにうろたえたり、大ショックを受けてメシが喉を通らなくなるみたいな状態だったら、この仕事はできないからさ。もちろん担当医として対応の方法が適切だったのか吟味してみるとか、反省すべきところがあったのかは振り返ってみるよ。残された家族がいたら、話し合ってみたりもする。でも、そこで妙に考え込んでしまったり、感情を動かされすぎる人は、俺はあまり大したことのない医者だと思ってるよ。だからこそ、自殺されても罪悪感は持たないし、医者を辞めようなんてことも思わない。

穂村　冷静を保つことで医者は自身のメンタルを守れるし、それはひいては患者のためでもある、ということか。

春日　ミイラ取りがミイラになったらお終いだからね。でも、ちゃんと患者のことは考えているし、ラーメン店の「心を込めて営業中」ってプレートじゃないけど（笑）、誠心誠意やってますからね。安心して身を任せてくれていいですよ。

先生は
精神科医に
なる前は
産婦人科にも
いたんだよね
うん
異様に
忙しかったよ
普通
一晩に1人も
来ないはずが
一気に
5人来たりさ
分娩台も
埋まってるから
廊下の待合室の
椅子で……とか
無事
生まれた
けどね
感激のあまり
ご家族から
「先生の名前を
うちの子に！」
とか
ないの？
武彦に
します！
みたいな
そんな人は
1人も
いません
「名前を付けて
ください！」
とか
1度ぐらい
あっても
いいのにさ
ちぇっ
…。
頼まれたら
頼まれたで
困るくせに

第12章

俺たちは「動物の死」に何を見るのか？

動物は「死」に恐怖するか？

穂村　これまで繰り返し話してきたけど、僕は人生において死んだ人を目の当たりにしたことがほとんどないし、「死」というものがどうも上手くイメージできないんだよね。また、ペットを飼ったこともないので、人だけでなく、動物の死もまたよくわからない。例えば犬や猫はさ、まわりで飼っている人に聞くと、最後の瞬間にお別れの挨拶をすると言う人が一定数いる。それって、そこに「感情」とか「意思の疎通」を見ているわけだよね。先生は今家にいるねごとちゃんの前にナルトちゃんって子を飼っていたでしょ。どういう最期だったの？

春日　あの猫はね、呼吸がどんどん荒くなっていって、あるタイミングで「次の呼吸が来るかな？」と思ったら来なかった、という感じだったよ。でも、あの時間もなかなかしんどいものがある。ゼーコラゼーコラ言ってて苦しそうだし、いっそ楽にしてやりたい気持ちもあったりするからさ、「止まったか？」と思ったらまた呼吸したりすると、「よかった」と同時に「ああ、まだか」とも思ったりするしね。最後の挨拶みたいなロマンは、残念なことになかったなぁ。

穂村　言語を持たない彼らには、ただ身体的な苦しみがあるだけで、恐怖は一切ないのかしら。

春日　どうなんだろうね。人間でもナルトみたいな死に方は結構あるけど、あの状態ではもはや苦痛も恐怖もないと思う。体だけが、まだオートマチックに「生」にすがりついていているだけで。人にせよ猫にせよ、仮に意識が残っていたとしても、「もう面倒だな」と思っているだけじゃないのかな。

穂村　人間の場合、「死」の苦痛よりも恐怖の方が圧倒的に大きいような気がするんだよね。でも見ている限り、動物には天敵への本能的な警戒心とかはあるけど、「死」そのものへの恐怖はなさそうだし、どこか無頓着に思えるんだよ。〈片脚のなき鳩ありて脚のなきことを思わぬごとく歩きぬ〉（島田幸典）という短歌があるんだけど、事故で後ろ脚を失くして車輪状の器具で支えている犬を見た時も、元気に遊んでて自分のそんな状態を気にしているようには見えなかった。

春日　たぶん悲しみはないよね。こちらは切ない気持ちに駆られるけど。

穂村　自らの運命に何の疑問も持たず、ただ受け入れているというか。そういう完璧な受容みたいなものを「格好いいな」と思いつつ、僕たち人間には言語があるから、怪我をする前の自分と比較して嘆いたりするでしょ。どうしても運命を悲観すると思うの。あと、〈動物は何も言わずに死んでゆく人間だけがとてもうるさい〉（木下龍也）という短歌もある。人間だけが言葉を持っているから、自分が死ぬことを理解する。動物はただ、今・ここの体験としてリアルに死んでゆくだけ。

春日　動物って、基本的にそんなに死を怖がらないと思うのね。というのは、個別性というものがそこまでないわけだから。特に虫なんかがそうだけど、種全体として1匹みたいな感じがある。

穂村　虫とか爬虫類はわかるんだよ。例えば、ワニが別の動物と闘っている動画とかを時々見るんだけど、彼らは命を懸けて必死なくせに、時々「え？」みたいな動きをすることがある。まだ闘いは終わっていないのに急に静止したりして、「今だよ今！　そこでやらないとお前やられるぞ」って思ったりさ。どこかメカっぽいんだよね。それは、ある意味戦闘に対して最適化されているがゆえの動きなんだろうけど、でも、やはり死の観念がないからこんな動きになるんじゃないかと思えてきて。でも犬や猫は、失敗したら誤魔化そうとするとか言うじゃん。あるいは、猫は嫉妬するとか、死期を悟る、みたいなことも。それってもはや言語的作用に近いことに思えるんだよね。もしかしたら「自我」に近いものを持っているんじゃないかな、って。

春日　確かにね。言語こそ持たないにしても、感情の有無みたいなところに関しては、微妙なところがあるかもしれない。少なくとも、「ない」とは言い切れないものね。だけど猫が自分の死を目前に「最後の挨拶」をしたとしても、たぶん永遠なんてものを理解してはいない。そのあたりについては、我々の方がセンチメンタルなものをひたすら一方的に膨らませているんだと思うよ。

「エサ」じゃなくて「ごはん」

穂村　ペットといえばさ、昔、猫を飼っている人に「エサは何をあげてるんですか？」って聞いたら、「ごはん」と言い直されたことがあった。最初は意味がわからなかったけど、「エサ」という言葉も使わなくなりつつあるんだね。

春日　ああ、ペットというより、家族という意識が強くなっているんだろうね。

穂村　という話を、大昔に猫を飼っていたという父にしたら、「エサをやるなら飼ってる意味がないだろう」という言葉が返ってきて、さらにびっくりした。つまり父の中では、猫を飼うのは当然ネズミを捕らせるため、ということになっているんだよね。

春日　愛玩動物的な発想がないのね。

穂村　まあ、父が猫を飼っていたのは戦前の話だからさ。ネズミ対策という目的があって、猫はその手段みたいな感じで、ご近所同士で貸し借りなんかもしたらしい。さすがに、現在ではかなり通じにくい話だと思うけど。番犬、なんて言葉も今は死語かなぁ。

春日　確かにね。エサって言わない、ペットじゃなくて家族、みたいな話でいくと、いまや犬が服着ているのとかも普通だもんね。むしろ、着てないと「裸なんですね」とか言われちゃったりするらしいよ（笑）。冬なのに寒くないんですか？　って。いや、毛皮があるだろって話なんだけど。田舎の方はわからないけど、都会は完全にそんな感じだよね。

穂村　犬用のデザイナーズ服とかありそうね。

春日　でもさ、服着てても生殖器丸出しで、あのへんの整合性は飼い主の中でついているのかねぇ。くまのプーさんとかもそうだけど、あれ、人間だったら変態だからね（笑）。

穂村　お尻が可愛いから隠したくないのかな？

春日　単純に、下半身覆っちゃうと排泄できないからじゃない？　自分では脱げないわけだしさ。

穂村　あ、いや、プーさんの方だけど。うーん。どうもリアリズムの設定がよくわからない。そのうち動物用の精神科医なんかも生まれてくるかもね。そうだ、先生、世界初の動物の精神科医になればいいじゃん。

春日　ドリトル先生だね。

穂村　そうか。あ、でも、すでにいそうな気がする。セレブを顧客にしたりしてさ。

春日　儲かるだろうね。絶対に自由診療（注・保険外診療のこと。値段は医者が自由に設定できる）だろうし（笑）。

戦前に猫を飼っていた父いわく「エサをやるなら飼ってる意味がない」って
猫はネズミを捕らせるために飼うってことね
ニンゲンはネズミ1匹すら自分じゃ捕れないのかへなちょこめ
ふふん
あちゅ〜るあげる時間だ
ちゅ〜る
穂村さんあげてよ
かわいいかわいい
さ〜さ〜
翌日
でもまあいつもごはんを用意させてるし
たまにはこの私が捕ってきてやろうか
ギャ

「活きのいいロブスター」と「生きているロブスター」

穂村　一方で、同じ哺乳類でも、牛とか豚みたいに食用にされることの多い動物は微妙なラインにいるよね。短歌だと〈番号を耳にかゝれてうごめけり信号まちのトラックの豚〉（弘津敦子）とか〈トラックの牛はよぎりつ街中を吸込むやうな瞳のこして〉（石塚令子）みたいになる。つまり、食べるために命を奪うことに後ろめたさを持っていながらも、家畜は「人間の側」にはいないという認識だね。

春日　つまり、感情を持たない存在、ということだよね。感情を持った家畜なんてものは、擬人化されたマンガにすぎない、と。

穂村　はっきりと感情移入の対象になっている犬や猫とはかなり違う。残酷だという意識はあるけど、豚も牛も食べてるし……みたいな微妙な後ろめたさが、我々にそうした短歌を詠ませるんだと思う。

春日　家畜に関しては、俺は基本的にはどうとも思わないんだけど、時々牛や豚が「今まで育ててくれて、どうもありがとう」みたいなことを言うフィクションがあるじゃない。

穂村　牛や豚を肥育している人に？　だって彼らは売るために育てたんだからさ、感謝する必要はなくない？

春日　それはそうなんだけど、飼い主も情が移ってくるわけでさ。で、躊躇してるとさ、向こうの方がちゃんと悟っていて「今までどうもありがとう。大丈夫だよ」みたいに言ってくれて、飼い主が、ひいては読者が「ううっ」となるみたいなのは、お涙頂戴の定番じゃん（笑）。もちろんそんなのファンタジーだってわかっているんだけど、妙に文章の上手いヤツの手にかかると、その手のうちをわかった上でも、なんかグッときちゃうんだよね。

穂村　僕は北海道出身なんだけど、父は屯田兵の孫世代で、生家は貧しい農家だったんだよね。で、家では馬とか牛とか豚とか鶏とかを飼ってて。前に聞いたことがあるんだけど、同じ家畜でも種類によって名前を付けるものと付けないものとがあったらしい。付けるにしても、せいぜい「〇〇号」とか「〇〇丸」くらいにしておいて、距離感が縮まりすぎたり、情が移りすぎないようにしていたみたい。

春日　食用にしづらくなっちゃうもんね。ふざけたつもりで馬や牛に服を着せたりしたら、冗談どころではない罪深い行為になってしまうんだろうなぁ。

穂村　しかしさ、我々はそんな時代から比べて、どんどんひ弱になっていると思うよ。昔、レストランに行ったら、「こちらを供させていただきます」みたいに、テーブルまでウェイターさんが料理するロブスターを持ってくるんだよ。

春日　こんなに新鮮ですよ、ってね。

穂村　ハサミをぐるぐる巻きにされててさ。ああいう時のロブスターって、怒ってるように見えるから怖いんだよ。「俺を食う気か！」みたいな。頼むからやめてくれよ、その儀式いらないから、って思ったもん。こっちは何の罪悪感も持たずに、ただ美味いものを食いたいだけなのに、そんなことされたら食べづらくなるじゃん。でも、その時に「生きたロブスターを目の前に持ってくるなよ」と言うのは卑怯なわけでしょ。生き物を食べるのに殺生の部分を見ないようにしたい、ということだから。

春日　お店の人にしたら、お客に喜んでもらおうとしているだけなんだろうけど。

穂村　でも、あれを見ちゃうとさ……。ロブスターからしたら「お前が俺を食うなら、お前の手でやれ！」「このハサミのぐるぐる巻きを取れ！　正々堂々と勝負しろ！」みたいな気持ちでいるんじゃないかと考えちゃう。そこで僕も「よし、やってやる」みたいに応えるべき……みたいなことが、生きたロブスターがテーブルに出された瞬間に脳裏に浮かんでくるから、もうすべてが嫌になってしまうんだよ。

春日　食べる気が失せちゃうのね（笑）。たんなる食材のはずなのに、それが処刑前の捕虜みたいな存在になっちゃう。

穂村　「活きのいいロブスター」は嬉しい。でも、「生きているロブスター」は嫌なの。以前、家に生きたカニが送られてきたことがあって、僕も妻もそんなものを料理した経

お前が俺を食うなら
お前の手で息の根を
止めてみろ！
正々堂々と
勝負しろ！

験がないから、どうしたらいいかわからなくなってしまったんだよね。とりあえず熱湯に入れるんじゃないか、という話になって、そうしたんだけど、その途端「ギャア！」みたいな声が聞こえた気がして怖くなってしまった……。で、その日は駅前にラーメン食べに行っちゃったんだよ。

春日　目の前にカニがあるのに、ラーメン（笑）。

穂村　次の日か、その次の日くらいに、ほとぼりが冷めるのを待ってから食べたんだけど。とにかく、その日は無理だった。

春日　穂村さん、絶対呪われたよ。ひひひ。

穂村　そういえば昔、アナウンサーの滝川クリステルさんと対談したんだけど、彼女は動物愛護の活動を熱心にしているんだよね。だから、当日着ていく服をどうしようか、けっこう悩んでさ。毛皮とかは絶対ダメそうでしょ？　まあ、そんなの持ってないけどさ。ただ革靴は履くじゃない？　革靴の人なんていっぱいいるわけで、それにいちいち怒ることはないだろうと思ったんだけど、実際のところはわからないから。結局、履いていって、当日正直に聞いてみたんだよ。「今日ちょっと心配なことがあって……」って。そしたら、まあ笑ってくれてたけど、内心はわからないよね。

殺生も排泄も見えない未来

穂村　〈肉食べて革靴履いてミルク飲み生きた牛には近づかぬ我〉（岩間啓二）という短歌もあるけど、とにかく豚とか牛とかを、もともと僕らと同じ生き物であると意識することなく一生食べ続けるというのは、冷静に考えるとなかなかすごいことだよね。それこそ、カニとかなら僕みたいな経験はあり得るけど、今だと鶏もまずなくて、魚介類がせいぜいじゃない？

春日　肉はプラスチックトレーに載せられてスーパーで売られているもの、というイメージが大きくなってしまって、元は生き物だったという現実に想いを馳せられない子どもが増えた、なんて話も聞いたことがあるよ。ま、俺もコンビーフの缶に描かれている牛の絵とピンク色の中身は感覚的にまったく結びついていないけど。

穂村　投稿されてくる短歌をたくさん見ていると、そうしたメンタルの変化がわかる。自然や生命からどんどん離れていく感じ、というか。例えば〈私の排泄物が私より遠くへ旅をする新幹線〉（奥村知世）。乗っていた新幹線を降りた後も、自分の排泄物だけが時速300キロ近いスピードで博多に向かって突き進んで行く、みたいな内容の歌。ここで詠われているのは、つまり違和感なんだよね。自分の出したウンコを目の当たりにすることなく、しかもそれが高速で移動してゆくことの不思議。もちろん持ち帰れって言われても困るんだけど、なんか変だなっていうのは感じるわけだよね。「いや、そこまでしてもらわなくても」みたいなさ。少なくとも、昔はこういうことはあり得なかったわけでしょ。

春日　昔はそのまま列車の下に垂れ流していたもんね。和式の便器の穴から、砂利や枕木が見えたからなぁ。

穂村　うん。昔は、家も汲み取り式のぼっとん便所が普通だったから、目にするのは当たり前だったし、臭いも強烈だったよね。というような記憶がある自分たちがまだ生きているから、今はきっと過渡期なんだよ。違和感が完全にはなくなっていないから、こうした短歌が生まれるわけだけど、いずれそれも消滅する時が来るはず。やっぱり、未来的には自分の排泄物は限りなく目にしなくなるんじゃないかな。

春日　そうやってウンコを見ないことに慣れてしまった人が、下水処理システムが詰まって逆流したりしたら、そのショックたるやすごいものがあるだろうね。湯気が立つほど生々しいのだから。

穂村　耐性がないからね。「死」にも、そういうところがあるかもしれない。僕なんかがそのいい例だけど、ほとんど触れてこなかったから、いざ目の当たりにすると思考停止状態になってしまう。

春日　茹でたカニを目の前にして、ラーメン食べに行っちゃうくらいだから（笑）。

穂村　食べ物と排泄は入口と出口の話だから、辻褄が合ってるんだよね。一度も殺さず、一度も排泄物を見ない――それって、つまりは限りなく「自分が生命体である」という実感から遠ざかることだと思うの。知り合いの絵本作家さんが、何かで「自分のウンコを見るのが楽しい」と言っていたような記憶があるけど、それは生を確認する行為でもある。でも、僕たちの社会は、確実にそれとは逆行して進んでいる。その根底にあるのは「死の忌避」なんじゃないかな。

春日　うん。でもさ、昨今は癌なんかで余命半年とか医者は平然と告げるようになった。告知しないと、逆に訴えられるらしいんだよ。死に至るまでの人生スケジュールを立てられなくなったじゃないか、って。俺は絶対に告知なんかされたくないんだけど、死というものが原稿の締め切りに近い受け取られ方をされるようになってきている印象がある。死の矮小化と言うべきなのかな。

しかしその一方、死体はますますおぞましい物として存在感を増している気がするんだ。孤独死なんかがどんどん増えているし、事故物件なんて言い方もすっかりポピュラーになった。異物としての死体が妙にリアルになって迫ってくる。映画やドラマに出てくる死体も、ますます精緻でグロになっているし。事故死を目にすれば平気でスマホで撮ろうとする人も増えている。あれは不謹慎というよりはお祓いに近いんじゃないのかな。言うなれば、微細なドットに分解しちゃうんだから。生命体という認識を抹殺したい願望が蔓延しつつあるのはその通りで、ひたすらクリーンで無機質な方向に行きたがる。意識や記憶はどうやらコンピューターに移し換えられそうだから、腐ったり老化する肉体なんか鬱陶しくなるんだろうね。そうやって二進法の世界に逃げ込んで生命の曖昧で不完全な状態から目を逸らしたつもりが、コンセントが抜けた途端にすべて雲散霧消——虚しいねぇ。

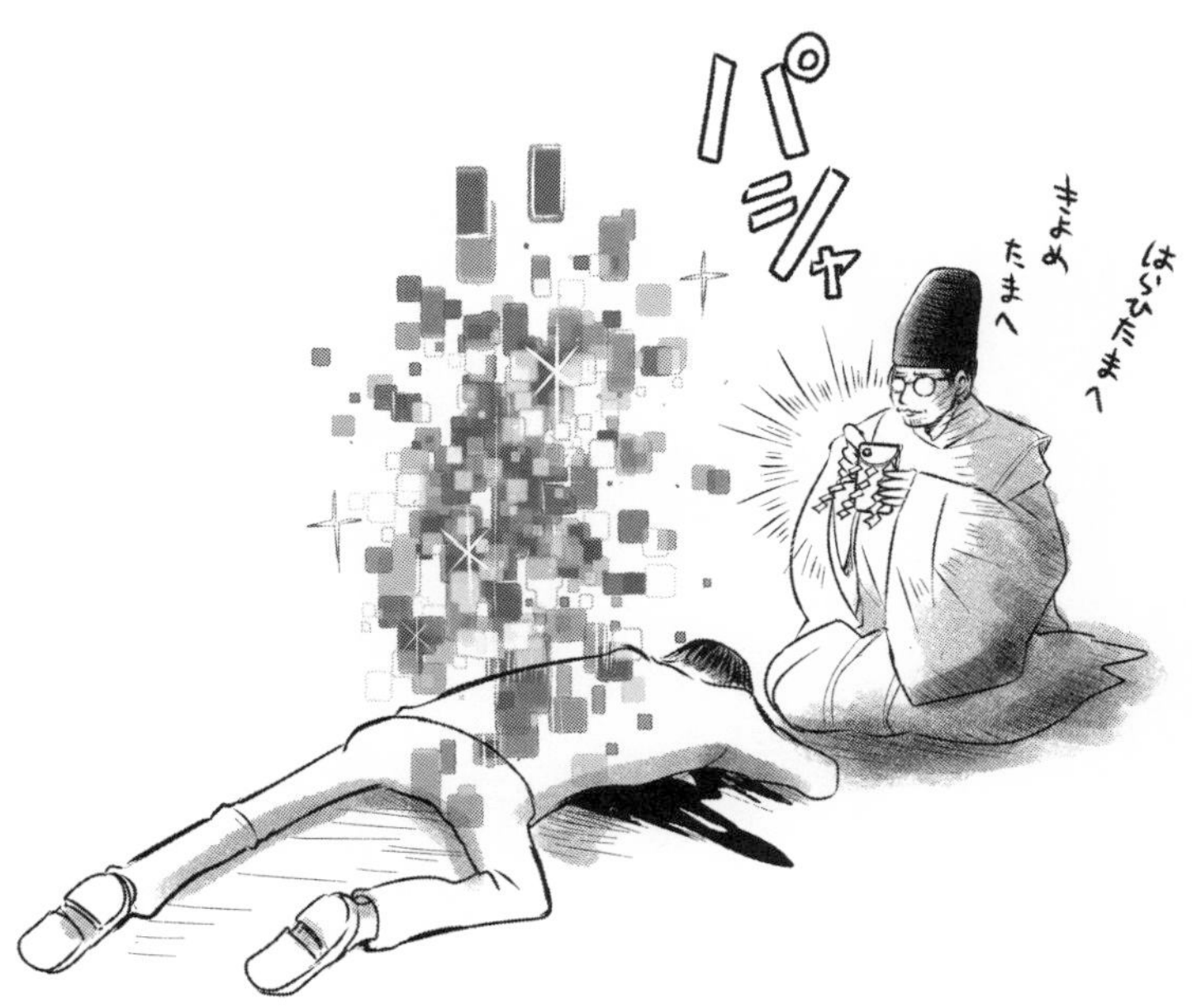
はらひたまへ
きよめたまへ
パシャ

第13章

俺たちは一生の大半を費やすことになる「仕事」に何を見るか？

悪夢の血まみれ当直医体験

穂村　僕は、誰かの命に関わるような責任を負うことは避けたいと常々思っているので、医者とかバスの運転手とか飛行機のパイロットとかを仕事にしている人が信じられないんだよね。自分の判断や技術次第で、人の生き死にが左右されるなんて耐えられないもの。先生は平気なの？

春日　うん。例外はあるにせよ、基本的に医者には「こういう病気で、こういう状態だったらこうする」みたいな筋道やパターンがあるからさ。それを粛々と遂行するイメージ。ドラマとかにありがちな、熱血医師が気合いでどうした、なんてあやふやな世界じゃないからね。

穂村　例えば、自分は内科の医者なのに、たまたま当直で1人しかいない時に限って、事故で全身の骨が折れた患者が運ばれてきたら「あちゃー！　マズイぞ」ってならない？　明日なら外科医の日だったのに！　みたいな。

春日　それに近いことはあるね。俺は精神科医だから、今では事故の患者が回ってくることはないけど、専門外だったり、積極的に得意ではないことにも、立ち場上対応しなければならないことはあるよ。

穂村　パニックにならないの？

春日　パニックになっても問題が解決するわけじゃないから、いかに患者を専門の医者につなげるかを考えつつ、とりあえずできる範囲でやるしかないよね。不備があると訴えられちゃうから、細心の注意もする。また専門内であっても、当直だと大変なこともあるよ。まだ産婦人科医だった時のことだけどさ、バイト先の医院で医者は俺だけ。助産師もいない、新人の准看護師1人だけがスタッフ、という状態でお産を扱ったんだ。分娩は無事済んだし胎盤も出た、子どもも無事だったんだけど、その後子宮からの出血が止まらなくなってしまった。お産が終わると子宮は縮んで、そうなると傷口が閉じるのと同じ理屈で出血もなくなるんだけど、稀に子宮がまったく収縮しないことがある。収縮剤を直接子宮に注射しても駄目でさ、内部からどんどん血が流れ出てくるの。

穂村　うわぁ、大変だ。

春日　保冷剤をお腹に載せて冷やしながら、片手は膣の奥まで突っ込んで、もう片方の手はお腹の上に置いて、両側から思いっきり子宮を押さえてね。圧迫して血を止めようというわけなんだけど、「そろそろいいかな」と思って手を離すと、すぐまたじゅわじゅわっと血が湧き出てくる。そうなるとまた両手で強く圧迫。その繰り返しでさ。俺は分娩台の前に立ったまま身動き取れずで疲労困憊だわ、かといって他に誰もいないわ、患者の状態も心配だわで本当に泣きたくなったよ。このシチュエーションだと、どんな名医でも俺と一緒で、両手で圧迫しながら祈るしかない。出血が一定ラインを超えると、酸欠と同じになって褥婦は欠伸を始めるんだよね。これが地味に恐怖でさ。准看護師に輸血の準備はさせるんだけど、子宮が最後まで縮まなかったらザルに水の状態で血が流れていくからね。

穂村　それで、どうなったの？

春日　結局数時間後には運よく止まったんだけどね。ラッキーだっただけ。教科書的には、血がどうしても止まらなかったら、最終的には開腹して子宮を摘出せよということになっているんだけど、幸いそれはせずに済んだ。もし摘出したら、どんなに釈明しても恨まれただろうなぁ。まあ産婦人科って、そういうのっぴきならないことがけっこう起きるものなのね。だから医者には、訴訟対策の保険っていうのがあるんだけどさ、掛け金が一番高いのが産婦人科と小児科。

穂村　それは、リスクが高いことの証しだね。でもさ、出産はそもそもイレギュラーな出来事じゃないんだから、ある意味、神様の仕事が雑だよね。最初に人間を作った時に、もっとこう二重三重に保険をかけて、普通に生まれてくるのが当たり前のシステムを構築しておいてほしいよね。

春日　俺もそう思うんだけどさ、現代人には経膣分娩なんていう野蛮な営みはそぐわなくなりつつあるのかねぇ。骨盤もスリム指向で安産型じゃなくなってきているし、リスク回避の意味でも帝王切開がやたらと増えているし。

「俺、精神科医の方が向いてるな」と思った瞬間

穂村　やっぱり先生は素晴らしいお医者さんなんだね。あらためて尊敬するよ。ちなみに、これまでに何人くらい赤ん坊を取り上げたの？

春日　平均して1日1人として、1年で365人。それを6年って感じだね。

穂村　それは世界への確かな貢献だよ。でもさ、そんな大変な体験をしているのに、なんで崇高な人格にならないいんだろう？　いつも「俺は理解されてない！」「あいつは許せない！」とかばっかり言ってるじゃん（笑）。

春日　ほっといてよ！　それを言うのが趣味なんだから（苦笑）。でもさ、俺が自分のメンタルに問題があるなと思うのは、それだけ子どもを取り上げていても、「生命の誕生」をお手伝いした、みたいな根源的な喜びが何もなかったんだよね。

穂村　なんでだろ？　それは人によるものなの？

春日　と思うよ。「お子さんが生まれてよかったですね！」ということを、常に心の底から言える医者もいるから。たとえ相手が、「堕ろす金ないんで、産むことにしました」とか平気で言ってのけるヤツであろうと、「絶対こいつ虐待するな」って感じの畜生な

親であってもさ。

穂村　でも、僕は、そういうふうに常に疑いなく祝福できる人とは友だちになれそうにないな。やっぱり現実を見れば、手放しで「よかったよかった」とは言えないケースもあると思うもの。

春日　でしょ？　そう思うよね。だけど、無条件に祝福できるような人物が存在してこそ、世の中には「救い」というものの可能性が保証されるような気もするんだなぁ。それから、産婦人科勤めの時にはこんなこともあった。もともとよその開業医にかかっていた女性が、子宮肉腫と診断されて紹介でやって来たことがあってね。で、その医者っていうのがひどいヤツで、「子宮肉腫は普通の癌よりタチが悪い」みたいなことを患者に伝えちゃってたみたいでさ。もうちょっと言い方ってもんがあるだろ、と思ったよ。患者もすごいショックを受けてて、「私やっぱり死ぬんですよね」とか声を震わせながら言ってくるわけ。「肉腫」という言葉が生々しく響いたようで、スパゲッティを食べられなくなりました、とも言ってたな。たぶん本人の中で、病名の語感と、あのニョロニョロ感が重なって感じられたんだろうね。

穂村　イメージがリアルだね。それでどうしたの？

春日　「そんなことないですよ」とも言えないから、困ったよ。非常にタチの悪い病気で、死ぬ可能性が高いことは確かだから。かといって、「その通りです、大変ですよ」

とも言えないでしょ。しょうがないから、向こうがしゃべるのを延々と聞いてるしかないわけ。酸いも甘いも嚙み分けた人、って感じを漂わせながらさ。で、幸い俺は患者の話を聞くのが苦じゃない性格だったから、心中穏やかではないんだけど、まあ一生懸命聞いていたの。でも、やっぱり人間って、しゃべるとどこか楽になるんだよね。そういう意味では、人に話をさせるというのは治療においてすごく大事なことなんだな、ということを身をもって知った経験ではあった。自分が携わっている文筆――表現行為の意味合いと重なるところでもあるしね。

穂村　もしかして、それで精神科医になったの？

春日　精神科の方が自分には適正あり、と思った根拠のひとつではあるね。あとさ、ちゃんと人の話を聞くのって、意外に難しいものなのよ。相槌の打ち方ひとつにしても、やっぱり上手い下手がある。それから、聞きっぱなしで終わるということに、多くの人が耐えられないみたい。「なんか言ってあげないと」「なんか解決案を示さないと」とつい思いがちでさ。その挙げ句に「明けない夜はない」なんてつまらないことを言って、相手をがっかりさせたりして。でも、精神科医という仕事においては、「じゃあ、こうした方がいいですよ」みたいに、安易に「答え」を出すのは正しいこととはいえないんだよね。だから、「しゃべることができた」という事実を、行き詰まった現状から抜け出す第一歩なんだと実感してもらうようにしているよ。

何人くらい
赤ん坊を
取り上げたの？

平均
1日1人として
1年で365人
それを
6年だから……

2190人！

すごいね
それは
世界への
確かな貢献だよ

会社を辞めて感動「いつまで寝ていてもいい！」

春日　昔の仕事の話をしていて思い出したけど、以前大学に教えに行っていたことがあってね。冬の朝に上野で京成線に乗り換えて北千住方面に向かうんだけど、まあ寒くて嫌で嫌で。でも、途中に谷中の墓地がパノラマみたいに見渡せる場所があってさ。そこを通る時、墓地に朝日がきれいに差し込んでるのを見ると、ちょっと救われるような気持ちになったんだよね。墓石に光が当たって、なんかすごいあったかそうで。「ああ、あの中に入りたい」なんて思ったりしてた（笑）。

穂村　いきなり墓地かぁ、のんびり温泉に浸かるくらいじゃ駄目なのかな。今は、東京の西側にある三鷹から、東側の足立区にある病院まで電車で通勤しているんだよね？どんなルートなの？

春日　朝は中央線各駅停車で秋葉原まで行って、日比谷線に乗り換えてそのまま東武線に入り、梅島か西新井まで行く感じかな。

穂村　はいはい。

春日　穂村さん、あのへん知ってるの？

穂村　知ってるよ。会社員をしてた頃に同じ路線を逆向きに使ってたから。あの頃は、酔っぱらったサラリーマンが車内で小学生に土下座してたり、自分の狭い世界像からははみ出すような現実を見せつけられては「うー……」ってなってたな（苦笑）。なんだかわかないけど、もうやめてくれよ、みたいな気分。先生は、通勤中は何して過ごしているの？

春日　たっぷり1時間半はかかるから、まあ読書したりしているかな。三鷹が始発だし、日比谷線も都心に向かうのとは逆方向だから、ほぼ座ってられるしね。あとは、前にも話したけど、ぼんやりと「物に生まれ変わったらどうするか」とか考えたりね。でも、通勤は嫌でしょうがないな。

穂村　じゃあ、お医者の仕事そのものは嫌じゃない？

春日　全然平気。嫌なのは通勤だけ。それこそ「どこでもドア」が欲しいよ。

穂村　話を聞く限り、仕事もすごく大変そうだし、僕が先生ならとっくに医者はリタイアして物書きに専念してると思うな。実際、自分は会社がツラくて辞めちゃったクチだしね。

春日　それは穂村さんが、物書きとしての自信があるからだよ。

穂村　そうかなぁ。自信よりなにより、とにかく勤めるのが嫌だっていうのが大きかったけどね。

春日　それに医者を辞めたら、俺の人生、何のリアリティもなくなっちゃうと思うしさ。

穂村　人生のリアリティ？　人生にリアリティなんてない方が気楽じゃない？

春日　いやぁ、取り留めのない感じになっちゃいそうな気がしてね。メリハリもなくなり、根性も真剣さも雲散霧消してしまいそうで。

穂村　僕は、会社のリアリティほど苦しかったものはないけどね。

春日　それは、仕事上いろいろと押しつけられたりしたからじゃないの？

穂村　まあ、でも総務だから当たり前なんだけどね。そもそも会社のリアリティというものがまったくピンとこなくて、ぜんぜん体が動かないんだよ。ウーロン茶作れって言われて、作り方わかんなかったり、取引先の人を送る時、社長自らにタクシーを止めさせちゃったりいろいろヤバかったけど、でも命に関わるようなことはない。一方、先生の場合、患者さんと家族の人生とか、時には生死までもが肩にのしかかってくるわけでしょ？　そっちの方がずっと大変そうだけど。

春日　でも、日々ささやかな勝利感みたいなものもあるからさ。患者が生活を立て直すきっかけになれた、とか。もっと別な考え方もあることに気づいてもらえた、とか。あるいは、ひたすら他人を拒絶するばかりだった患者と冗談を言い合えるようになった、とか。らしくない言い方をするなら（笑）、一種のやりがいみたいなものを感じているから、この仕事を続けてられるんだろうね。

穂村　偉いなぁ。僕は、会社を辞めた時は天国かと思ったけどな。毎朝好きなだけ寝てていいんだ！　って。

春日　将来が不安にはならなかった？

穂村　それは不安だった。42歳で、その時点で、もう組織はどこも雇ってくれないだろうな、という年齢になっていたし。でも、それを上回る解放感があったから。「好きな時に寝ていい」というのが、自分の中で、二番目の夢を圧倒的に引き離すくらいの一番大きな願望だったの。会社にいながら「今、1時間昼寝させてくれたら1万円払ってもいい！」って何度も思っていたくらいでさ。そんな状態で起きていたって、仕事とかできるわけない。会社にいる間中、「ただ起きているだけ」みたいな感じで、そんなの効率悪いじゃん、昼寝した方がいいじゃん。でも会社員である限り、それは許されないんだよね。

春日　普通は、そういう時は前の日に早く寝るとかして対処するんじゃ？

穂村　それはわかるの。だけど、なんかできないんだよなぁ。

春日　なんか患者さんを前にしているような気分になってきたな。「それは理屈からいってこうでしょ？　だから、こうすればどうですか」と理路整然と言っても、「いや、だけど……」って屁理屈をこねる人が少なくなくてね。「だけど」じゃないだろ！　とは思いつつ、俺はすごく優しい声で「それじゃダメですよ。だけど、気持ちはよくわかります」って言うんだけどさ（笑）。

会社勤めの時は
眠くて眠くて
スプー
今、1時間昼寝させてくれたら1万円払ってもいい!
って何度も思ってた
そういう時は前の日に早く寝るとかして対処するんじゃ?
それはわかるんだけど
なんかできないいんだよなぁ
患者さんを前にしている気分だな
フゥ…
気持ちはよ～くわかりますよ
わかってはいても自分じゃなかなかできないものですよね
パァア
よく話してくれましたね
ガシッ
何これカウンセリング!?

「地に足が着いている」は呪いか?

穂村 先生は、これまでに働いていなかった時代とかはあった?

春日 病院を辞めて何にもしてない時期もあったよ。半分引きこもり状態で鬱屈していた。暇ではあったけど、全然楽しくなかったな。

穂村 そういう人もいるよね。僕の友だちも、会社を辞めた後、夕方に駅から勤め人の群れが出てくるのを見てめちゃめちゃ焦燥感に駆られたと言ってた。あと会社の同期の人が、一度辞めてまた戻ってきたことがあって、その時に「すごく安心した」と言ってたのをよく覚えているよ。その心理はなんなんだろうね? 駅の改札から出てくるスーツ姿の人を見て、「この人たちは会社から帰ってきたんだ」「彼らはみんな定期券を持っているんだ」みたいなことに焦る感覚って。かつては自分もそうで、でも今は喪失したものを、サラリーマンの彼らが当たり前に持ち続けていることに不安を覚えるのかな?

春日 まあ、気持ちはわからんでもないけどね。寄る辺なさと、一種のやましさを感じたりさ。俺もそのタイプだろうから。

穂村 でも、先生はこれまでに数々の修羅場をくぐってきたわけでしょ? もう一生分働いた、とか思わないの?

春日　思わない！　全然思わないよ。働いていなかった頃、午前中からホラー映画のDVDなんか観てるとさ、もうガックリくるわけ。

穂村　何やってんだ俺、みたいな？

春日　そう。しかもその時間、女房は看護師として一所懸命働いているわけでさ。恥ずかしいよ。

穂村　そういうものか。なんか漠然と、人間は一生のうちにだいたい20年分くらい働けばノルマ達成になるものだと思ってたよ（笑）。会社でも家事でも介護でも。先生は医者として、質・量ともに絶対その倍以上働いてるよね。しかも、物書きもしてるからへたしたら、もう80年分くらい働いてるんじゃないの？

春日　だけど俺、物書き仕事の方は、いまだにやましいものを心に抱えているからさ。「そんなもん書いて、お前は遊んでるだけじゃん」って言われたら、言い返せないもの。ちゃんと依頼された仕事で、印税や原稿料が発生していてもね。なんか、地に足が着いていないという感じに囚われてしまって……自己嫌悪だよ、まったく（苦笑）。

穂村　昔から、そこに拘泥するよね。でもさ、僕はむしろ「地に足が着いている」ことこそが、苦痛の根源な気がするけどな。その象徴のひとつとして「家」みたいなものがあって、自分を縛るそうした存在を、すべて敵だと思っていた。先生が理想としている状態って、例えば精神科医としての仕事をきちんとこなした上で、物書きとしてもいいものを書いている、みたいなことでしょ。それで言えば、僕は「無理だ！」と諦めちゃったけど、物書きをしながらちゃんと会社の仕事をしている人もいっぱいいるんだよね。例えば、詩人の吉岡実（1919～90年）なんかは、会社では1行も詩を書いたことがない、と言っていた。

春日　つまり、仕事は仕事として、きちんとまっとうしているわけね。その上で、創作の手も抜かない、みたいな。たぶん、そういう「大人」な振る舞いに憧れるのかな、俺は。

穂村　それが立派だということは、僕も重々承知しているんだよ。でも……自分がやろうとしたら壊れてしまっていたと思う。会社員時代、いつも言い聞かせていたことがあるのね。夜中まで残業しようが、定時で上がろうが、この会社を辞めたら1か月もしないうちに社員のみんなは僕のことなんか忘れてしまうだろう、って。だから「頑張らないぞ」と思って、毎日定時に帰っていた。その代わりに給料を半分にしてほしかったけど、それは許されないんだよね。時々、「本当に働きませんね」と面と向かって言ってくる人もいたよ。でも、それは本当のことだから、相手を悪く思ったりもしなかった。で、案の定、辞めた後は僕なんて最初からいなかったような感じになった。会社の人たちにとっては、そんなことよりも、ずっと大事なことがあるんだよ。権力闘争で急に社長が首切られたりとか、下っ端には想像もつかないような原理で会社は動いていて、僕なんかには理解不能な世界。

春日　そもそも、なんで会社に入ろうと思ったの？　そんなに不向きなのに。

穂村　自営業が多い家系とか、教員になる家系とか、医者ばかりの家系とか、家によって傾向ってあるじゃない。先生もお父さんが医者でしょ。うちは、親族にサラリーマンしかいなかったから、自由業なんて選択肢は思いつかなくて、大学出たら会社に入って……みたいなことに何の疑問も抱かなかったんだよ。

春日　まあ、サラリーマンが当たり前の家庭で育ったからといって、イコール「適性がある」というわけではないからねぇ。医者とか、他の仕事にしてもそうだけど。

穂村　会社の上司たちは「一部上場」みたいな単語ですっごいアドレナリンが出るみたいで、僕にはまったく意味不明だから不安だった。ものすごい隔たりを感じる。例えば、僕らのまわりは全員しりあがり寿や高野文子を知っているのに、そこから一歩外に出て、「経済」を中心とした「一般社会」に行くと、急に「え、誰それ？　知らない」とみんなに言われてしまう、この不思議。目の前ではっきりと線が引かれるような感じがして、とまどってしまうんだよ。マジョリティ側から見ると、僕らなんて存在しないようなものなんだろうね。せいぜい「短歌ですか。いいねぇ。大人になっても好きなことやってて」くらいにでも言われればまだいい方。たぶん、名前を知らない虫みたいな感じだと思う。

春日　決定的に価値観が違うと、多数派のほうが正義になっちゃうからね。まさに暴力だよ。まあ、医者は1人ひとりが零細企業の社長みたいなところがあるから、仕事はキツくてもメンタル的には穂村さんよりも楽だったと思う。変人と揶揄されても気にしないし。方向性は微妙に違えど、俺としては仲間がいるようで嬉しいけどさ。あ、だからこんな対談を企画されているのか（笑）。数々の屈託を抱えながら、俺たちはどうやって来たる「死」を幸せに迎えられるのか？　次の終章では、俺らなりの「幸福」の在り方を模索してみる必要がありそうだね。

終章

俺たちは、死にどんな「幸福」の形を見るか？

「不死」は幸せか？

春日　ルーマニアの劇作家ウジェーヌ・イヨネスコ（1912〜94年）のエッセイ集『雑記帳』に、「死」について言及している文章があってさ。ちょっと長いけど引用すると「死なないこと。そうなればもうだれも人を憎んだりしなくなるだろう。もうだれも妬んだりしなくなって、愛しあうようになるだろう。（中略）われわれには無限に運だめしをするだけの時間的余裕がないということをわれわれは知っている。憎しみはわれわれの不安の表現であり、時間が足りないことの表現である。妬みはわれわれが見捨てられはしないか、滅ぶべき人生において、すなわち、生においても死においても見捨てられはしないかという恐怖の表現である」。

穂村　死があるから、人は人を憎んだり妬んだりする。死がなくなれば争いは起きず、みんな幸せになって、世の中もよくなるだろう、という考え方ね。

春日　不死によって、ある種の平等な社会が訪れる、というわけだね。

穂村　でも、現代においては、これとは逆の考え方が支配的な気がするな。つまり、死があるからこそ、ほとんどすべてのことに意味が生じている、というか。

春日　もし誰も死ななくなったとしたら、何かで競い合ったりする必要はなくなるけど、それを通り越して「もう何もしなくてもいいじゃん」という心境になりそう。

穂村　何かをするモチベーションは残るのか？　というと、ちょっとわからないよね。

春日　例えばスポーツとかだったら、学校の卒業までとか、体が動いて選手として活躍できる年齢まで、みたいなリミットがある。だから、そこまでに勝つ、みたいな目標も生まれる。でも、そういうのがなくて永遠に時間が続くなら、競い合うことなんて面倒でしかないと思う。

穂村　少なくとも、意識の在り方は全部変わってしまうと思う。

春日　でも、妬みとかがなくなるのはいいよね。

穂村　死ななければ、無限に機会があるから妬みはなくなる、ということでしょ。でも、本当にそうなのかな？　例えば、容姿にコンプレックスを持っている人は、永遠にそれを抱え続けることにならない？

春日　元の素材で差が出るなら、それは平等ではないよね。しかも、努力でどうにもならない部分で勝負しなければならないとしたら、ひどい話だよ。

穂村　ずっと同じメンバーで生きていくのだとしたら、それはもうみんな死んでいる状態と変わらないんじゃないかな。ほとんど天国のイメージ。でもさ、もし選べるとして、迷いなく「死なない」を選ぶ人はどのくらいいるだろう？　まあ、条件次第だとは思うんだ。年は取るのか、身体能力が何歳の時点で固定されるのか、とかさ。

春日　絶対罠があると思うよね。

穂村　なんかね。

春日　不死だけど、代わりに毎日重労働やってもらいます、みたいな。きっと悪魔との取引みたいなもんに決まってるよ。

穂村　やはり、現状では生の意味というのは、「人は必ず死ぬ」ということから発生しているように思うんだ。だから、死なないということになったら、どうなるのか。意味を新たに捉え直せるのか。

春日　メリハリがないわけだしね。

穂村　そうだよね。死なないのに毎日お洒落とかするかしら。筋トレとかさ。

春日　健康に気を遣う必要がないわけだからね。

穂村　病気はあるのかなぁ。重病はあるけど死なない、とか嫌だな。

春日　イヨネスコも、そこまで細かな設定まで考えてたかどうかは微妙だけど（笑）。まあ、あの人は不安神経症で、ユング派とかの分析をずっと受けていたからさ。苦しくて、ついそういうことを考えたくなっちゃったんじゃないの。救いを求めてさ。

「現状に満足」じゃダメ？

穂村　でも、人はつい、さまざまな「救い」の可能性を考えてしまう生き物だよね。僕もよく考えるもの。例えばタイムスリップをして、また現代に戻ってこられる権利を得たとする。1回だけ過去に行くか未来に行くかを選べるんだけど。

春日　やっぱり罠の気配が（笑）。

穂村　この設定で、イラストレーターの故・フジモトマサルさんたちとシミュレーションした結果を原稿に書いたことがあったな。やっぱり、みんな未来に行くのは怖いんだよ。もし地球が滅亡していたりしたら、現在に戻ってきた時に、これから生きていく上での意味とかモチベーションを失ってしまいそうじゃない？「もうあれを見ちゃったからな」みたいな諦念で。だから過去に行った方が無難、という結論になった。

春日　その手の話なら、何年か前にオランダの民間非営利団体が火星移住計画みたいなのをブチ上げたことがあったじゃない。片道切符でさ、行ったら帰ってこられないという条件で。

穂村　あったね。

春日　あれ、けっこうな数の応募者がいたんだよね。もちろん俺は申し込んだりはしなかったけど、一応脳内でシミュレーションしたりはしたな。

穂村　火星はまだSFの範疇だけど、昔の満州とかブラジルに移民していった人たちも、気持ち的にはそれに近かったんじゃないかな。少なくとも、片道切符の覚悟はあったはず。うちの曽おじいちゃんも屯田兵だったから、親からそういう話はちょっと聞いててさ。当時、農家の子どもは長男じゃなければ活路もなかったから、一か八か、北海道か台湾かブラジルか満州に行く、みたいな。自分はここじゃ芽が出ない、でも活躍できる場所さえあれば――と思えるなら、行く気持ちはわかる。

春日　アメリカのSF作家フレデリック・ポール（1919～2013年）の『ゲイトウエイ』という小説を思い出したよ。宇宙人が残したロケット基地があって、そこには1人乗りのロケットがいっぱい残っていて。それに乗ってスイッチ押すと、どこかへ飛んで行くわけ。

穂村　行き先は選べないんだ。

春日　そう。だけど、上手くいくとダイヤモンドがザクザクの星とかに行けて、大金持ちになれたりするわけ。もっとも運が悪ければ、ブラックホールに一直線みたいなこともある。つまり博打なんだよね。それを読んで、ドキドキしながら「自分だったらスイッチ押すだろうか」とか考えたりしたな。まあ、人生を半分投げているような状態だったらスイッチ押しちゃうかもしれないよね。一か八かでさ。ほら、いろいろ嫌ん

1人乗り用
ロケットで
運が良ければ
ダイヤモンドが
ザクザクの星で
大金持ち
運が悪ければ
ブラックホールに
一直線……
ゲイトウェイ
フレデリック・ポール
穂村さんなら
そんな賭けに
出る？
僕は
ロケットには
乗らないなぁ
おうちで
どら焼きとか
食べながら
コーヒー飲んで
諸星大二郎とか
読んでるような
生活でいいから
でもさ
「ここで
ちまちま遊んで
いられれば
それ以上は望まない」
みたいな考えは
物書きとして
ダメなのかな？
そんなわけ
ないじゃん
友達には
ダメだって
言われるんだよ
絶対
そんなこと
ない
……
そういう
幸せの形を
示しているって
だけで
十分なんですよ
そう？
あの
歌人
今日は
患者として
来てたのか…

なっちゃう時ってあるじゃない？　自分もそういう時なら、魔が差してポチッとしちゃうかも。でも、俺はその直後に「しまった！」と思うタチだから、やめておいた方がいいだろうな。引き返せないという状態が、本能的に苦手なんだよ。穂村さんだったら、ダイヤモンド狙いの一発逆転の賭けに出る？

穂村　うーん……僕は家でどら焼きとか食べながらコーヒー飲んで、諸星大二郎とか読んでるような生活ができるなら、それでいいかな（笑）。別にダイヤモンド要らない。でも前に、そうしたマインドを作家の友だちに怒られたことがあるよ。「世界には飢えている人もいれば、性的少数者として苦しんでいる人もいる。そういう現実がある中で、諸星大二郎読んでどら焼き食ってれば自分はいいんです、って言っちゃう人は物書きとしてダメ」って（苦笑）。自分はここでちまちま遊んでいられれば、それ以上は望みません——みたいなのは、やっぱりダメなのかな？

春日　そんなわけないじゃん。

穂村　でも、複数の友だちにダメだって言われたよ。

春日　俺に言わせれば、ちゃんとそういう自分なりの幸せの形を示せるというだけで十分だと思うな。そこには、他人に伝わるかどうかは別にして、その人なりの切実さが絶対あると思うしさ。

穂村　そういう自分の在り方に自信を持てなくて、宮沢賢治がどの程度菜食主義者だっ

ぽく
ぽく
春画

たか、みたいなことをつい調べてしまったりするんだよね。そしたら鰻食べたりしてるんだよ。だから、「宮沢賢治だって鰻は食ってる！」とか思って、自分のヘナチョコさをちょっとでも正当化しようとしたりして。

春日　鰻は食うわ、春画は集めるわ、本人の掲げる理想と現実とのギャップが甚だしくて苦笑いしてしまうよね。だけど、そういう人間くさいところが、あの人のいいところでもあると思うんだけどさ。

「プチ幸福」の知覚問題

春日　「死」について考えるということは、その瞬間じゃなくて、そこに至る過程に思いをめぐらすことである、と。それが、この対談の早い段階で出てきた仮説だったじゃない？　今の話に繋げるなら、つまり自分なりの「幸福（な人生）」を想定できれば、それすなわち「幸福な死」への第一歩になり得るんじゃないかな。

穂村　先生にとっての幸せって、どんなものなの？

春日　俺は、口ではデカイ幸せを求めているけど、実際にそういうことが起こったら、たぶん耐えられないと思う。こんなによいことがあるということは、次は絶対不幸が待っているに違いない、みたいな発想にどうしてもなってしまう。しかも、その幸福が大きければ大きいほど、不幸のスケールも格段に大きくなると思っていて。それが怖いから、基本的には「プチ幸福」くらいがベストかな。

穂村 それは、具体的にはどんなイメージなの？

春日 例えば、ホテイのやきとりの缶詰があるじゃない？ あれ、今は違うんだけど、昔は缶にプラスチックのキャップが掛かってて、そこに爪楊枝が2本入ってたんだよね。つまり今ここにあったら、穂村さんと俺とであれを順ぐりにつまみながらカップ酒かなんかを飲むわけ。そういう情景を具体的にイメージさせるところに、すごく感動する。1本じゃなくて2本ある爪楊枝に、いわば人間の善なるものを感じて嬉しくなるの。そういうものの方が、俺にとっては宝くじが当たった！ とかより遥かに重要なの。あるいは、駅から家に帰る途中に3階建てのビルがあるのね。こないだ夜に通りかかったら1、2階はもう真っ暗なんだけど、3階だけ明かりが煌々とともっていてさ。英会話教室って書いてあって、窓からは、先生と思しき外国人が肩をすくめたり手を振り回したりして、実に大袈裟な手振りで授業をしているのが見えるわけ。それを眺めながら、あいう不自然なもんも含めて世の中というのは回ってるんだな、ということに突然気づき、なんかすごく腑に落ちるものがあったんだよ。たぶん、世の中の仕組みがわかったかのような錯覚を起こしているわけだけど、これも俺にとっては一種の幸福なんだよね。こうした、たまに訪れる、小さいけれども肯定的な気持ちとか、小さな納得みたいなものにすがって俺は生きているのよ。

穂村 そんな素朴なものに喜びを見いだせるのに、一方ではなんでこんなにアイロニカルなんだろうね?

春日 それは悲しい性でさ(苦笑)。でも、そういう世界のささやかだけどよい面だけ見て暮らしていけたら、今よりずっと楽になると思う。

穂村 爪楊枝2本で思い出したけど、うちの実家には「幸せは洗う茶碗が2つある」って書かれた色紙が壁に貼ってあってさ。もう母は亡くなっていて、父だけしかいないから、それを見るとなんだか悲しくなる。でもさ、こういうのって今は炎上しかねないんだよね。デフォルトで幸せとは「2本」とか「2つ」みたいにすると、「1人の俺にケンカ売ってるのか!」みたいに取る人もいるわけで。僕らだって、今は家族や友人がいるから心に余裕があって、それらを幸福の象徴みたいに見ていられるけど、もし妻も友だちも話す相手も1人もいなくて孤独だったら「ふざけんな!」と爪楊枝を折ったりしてるかもしれない。

春日 それは、その通りなんだよね。俺は嵐の晩に猫と一緒にいると、すっごい楽しいのよ。だけど、外では被災している人もいるわけで、そっちからしたらまさに「ふざけんな」だものね。しかし、嵐の中でなんとなく気分的に世の中と隔絶してるような、してないような、その辺の微妙な感じというのがすごくよくてさ。妙に想像力が働いて、

行き詰まっていた原稿のアイデアが浮かんできたりする。

穂村　昔、なぜミステリー小説が好きかを説明する時に、先生は似たようなことを言っていたよね。本の中では血みどろの恐ろしいことが起きているけれど、自分はあったかい部屋のソファで猫と戯れながらページをめくってる。目を上げると、本の中の非日常とは真逆の、いつもと同じ世界がそこにある。そのギャップがいい、って。

春日　自分の安全が約束されているからこそ、非現実的な殺戮とかも楽しめるわけだからね。そういうギャップみたいなのも、俺なりの幸福の一形態なのかもしれない。

穂村　ミステリー小説のように、自分に直接被害を及ぼさない「死」に自発的に接近することで、生の意味を確かめるみたいなことってあるよね。僕は時々、飛行機が落ちる時に書かれた遺書とか、雪山に閉じ込められた人が死に至るまでに書いた文章とかを探して読んでしまうんだ。内容は、たいてい子ども宛てに書かれた「お母さんを大事に」みたいなものなんだけど、みんな名文のように感じられる。そういうの読むと、こうして暖かい部屋でソファに座って猫にチャオちゅーるやりながら先生と話したりしている、まったく平凡な自分の生が輝かしいもののように思えてくる。でも、そういうふうに死に瀕した人の感覚を借りないと、自分1人では、その「輝かしき平凡」という名の幸せをなかなか実感することができないんだよね。逆に、スーパースターみたいな人を見て「儲かってんだろうな」的なことを考えてしまったり、そういう人がスキャンダルとかに見舞われると「そら見たことか」みたいに思って溜飲を下げたり。普段は、どちらかというと崇高なものに憧れているクセに、放っておくとそんなふうにどんどん心が汚くなっていくのはなぜなんだろうね。

幼児性と無垢との狭間で

穂村　ちょっと似た話で、何かの本で読んだ記憶があるんだけど「もっとも手っ取り早く元気を出すには、ロシアンルーレットをやればいい」という主張があってさ。耳元で、「カチッ」という不発音を聞いた瞬間、ものすごく生きていることを実感して元気が湧いてくるんだって。こういうのも、幸福のひとつの形ということになるのかな。

春日　イギリスの小説家グレアム・グリーン（１９０４〜91年）がやってたらしいね。カチッってなった時は童貞を失ったみたいな感じがした、って『グレアム・グリーン自伝』に書いていたよ。

穂村　どういう意味なんだろ？

春日　祝福され世界に受け入れられたような気がした、みたいなニュアンスだった。でもロシアンルーレットって、一度セーフということになっても、次また順番が回ってくる可能性があると考えたら気が滅入りそうだよね。あれをもう１回やるのかよ！　みたいな。1回で気力を全部使い果たしそう。

穂村　6発入るリボルバーに銃弾を1発装塡したら、自分で自分の頭を撃ち抜く可能性は6分の1。でも、それだと怖いから、せめて600分の1くらいにしてほしいよね。それでも効果はそんなに変わらないと思うんだ。死の可能性がゼロでさえなければ。あ、それで言えば、今新型コロナウイルスが流行しているわけだけど、感染者がここまで増えてしまうと、いつ自分がかかってもおかしくないと思うから、ある意味生活しているだけでロシアンルーレット状態だとも言えるよね。でも、ぜんぜん元気は出ないね。何が違うんだろ？

春日　やっぱり、自分の手でアクションを起こすことが重要なんじゃないの。

穂村　ただ、ロシアンルーレット的なものの効果は、そこまで持続しないような気もする。この前、道を歩くこともテレビを見ることも漢字を書くことも全部楽しい、みたいな短歌を見てびっくりしたんだけど、作者が外国の名前だったから、おそらく命の危険があるような国から日本にやって来て、あらゆる物事が新鮮なんじゃないかな。でも、この人も、やがてはその生の奇蹟に慣れて「楽しい」とは感じなくなると思うんだ。そうしたらこんな歌は詠めなくなるよね。

春日　まあ、確実に感覚は鈍磨するだろうね。よくも悪くも、人間は感覚が麻痺していく生き物だから。それは時に辛さから逃避する手助けになるけど、逆に楽しいことも色褪せさせてしまう。なかなか都合よくいかないものだよね。

穂村　生きることに慣れない方がいい、みたいなこともあるのかな。いつまでも幼児性を失くさずにいた方が幸福なんじゃないか、とかさ。ちょっと自分に都合よく考えすぎかな（笑）。

春日　幼児性ということなのかどうかはわからないけど、俺は20年以上心の拠り所にしているぬいぐるみがあるよ。「ダンペイ君」っていう名前で、ツモリチサトがデザインしているヤツ。遠赤外線が出て暖かいのよ。何かで見ていいなぁって言ってたら、女房が誕生日に買ってくれてさ。それはそうと、幼児性みたいなものはみんなどこかで失くすものなのかもしれないけど、年取るとワガママになったりするから、結局は回帰してくるものとも考えられているよね。まあ、幼児性の嫌な部分が、ってことになるわけだけど。

穂村　呆けると一番幸福だった時代に戻るという説があるよね。まあそうならなくても、僕はいまだにブルボンのお菓子とか出されたら、嬉しくて延々と食べちゃうけど。

春日　ただ悲しいかな、それは「無垢である」ということとは全然関係がないんだよね。

穂村　そもそも、実際の幼児が全然無垢じゃないもんね。だって、ある欲求に対して全能感の塊なんだもの。むしろ権力やパワーを持たせたら最悪、という存在じゃない？無力だから、子どもは子どもとして可愛がられるだけで。吉野朔実さんの『少年は荒野をめざす』に「大人だと思って甘く見るなよ」って台詞があったけど、僕もそんなふうに思うから、子どもとか見てもライバル意識しか浮かばないもんね。

春日　これからの人生、辛いことがたくさん待ってるんだぜ、ってね（笑）。

穂村　我ながら器が小さいなと呆れてしまうよ。でもさ、そういうどうしようもなさと、崇高なものに憧れる気持ちって矛盾しないと思うんだ。心が汚くても素晴らしいものに憧れてもいいよね。というか、だから憧れるんだ。

春日　うん、心の汚さをエレガントに隠しおおせるかどうかの方が重要でね。そんなこともできない奴には、理想なんか手に負えないどころか危険だよ。

穂村　ねごとちゃん、またスリッパで爪研いでるね。最初にばりばりされた時はびっくりしたけど、すっかり慣れてしまった。いまや、「よくきたね」って挨拶に思えて、嬉しいよ（笑）。

春日　麻で作ってあるから、引っ掛かりがあって気持ちいいんだろうね。

穂村　この「死」をめぐる対談もいよいよ終わりだけど、僕たちの話をずっと聞いてきたこの子は、どう思ってたんだろうね。

春日　人間ってやつはどうして「死」を特別視するんだろう、あんなもの所詮は永い昼寝に過ぎないんだけど、とか思ってたかも（笑）。

穂村　永い昼寝か。最期の日にも「お散歩しない？　外はいい天気だよ」「うん。でも、その前にちょっとだけ眠らせて」みたいに目を瞑れたらいいね。そういえば、街角のキリスト教系の看板に「神は言っている、ここで死ぬ定めではないと」って言葉があるらしいのね。経緯はわからないけど、それがゲームの台詞とかTシャツの文言になったりして、ある種のパロディのように広まってるんだって。その流れで、「神」という字の一部分がかすれて「ネコ」になっていた、みたいな面白画像も目にしたよ。

春日　「ネコは言っている、ここで死ぬ定めではないと」か。一見すると、パチンコ屋のネオンサインが1文字切れて、まったく違う意味になってしまった系の笑い話だけど、今の俺たちには、ちょっとした啓示の言葉のように響かなくもないかもね。

穂村　もし、突然、「ここで死ぬ定めではない」って声が聞こえたら、びっくりするなぁ。誰にも断言できないはずの運命を口にする者は誰だ。全能の「神」か、いや、可愛い「ネコ」ちゃんだ（笑）。でも、実は、みんな心の奥でそんなふうに信じることで、なんとか「ここ」を生き延びてるのかもね。

春日　うん、死ぬ定めなんて、猫パンチでイチコロさ！

（了）

本文中で紹介した書籍

序章

・『漫画 君たちはどう生きるか』(吉野源三郎・原作/羽賀翔一・漫画/マガジンハウス/2017年)
・内田樹『「おじさん」的思考』(晶文社/2002年)↓現在は文庫版(角川文庫/2011年)あり
・北杜夫『ぼくのおじさん』(旺文社/1972年)↓現在は文庫版(新潮文庫/1981年)あり

第1章

・『私の死亡記事』(文藝春秋・編/文藝春秋/2000年)↓文庫版(文春文庫/2004年)あり
・島尾敏雄「亀甲の裂け目」(『帰巣者の憂鬱』収録/みすず書房/1955年)↓現在は『新編日本幻想文学集成第8巻』(2017年/国書刊行会)他にも収録

第2章

・山田風太郎『人間臨終図巻』上下(徳間書店/1986・87年)↓現在は文庫版(新装版1~4巻/徳間文庫/2011年)あり
・リチャード・マシスン「レミング」(吉田誠一・訳/『13のショック』収録/早川書房/1962年)↓現在は『リアル・スティール』(小田麻紀・訳/角川文庫/2011年)にも収録

第3章

・二階堂奥歯『八本脚の蝶』(ポプラ社/2006年)↓現在は文庫版(河出文庫/2020年)あり

・吉村昭「星への旅」(『星への旅』収録/筑摩書房/1966年)→現在は『星への旅』は文庫版(新潮文庫/1974年)あり
・井上靖「補陀落渡海記」(『洪水』収録/新潮社/1962年)→現在は『補陀落渡海記 井上靖短篇名作集』(講談社文芸文庫/2000年)等にも収録

第4章

・穂村弘『にょっ記』(文藝春秋/2006年)→現在は文庫版(文春文庫/2009年)あり
・渡部昇一『95歳へ! 幸福な晩年を築く33の技術』(飛鳥新社/2007年)
・深沢七郎「楢山節考」(『楢山節考』収録/中央公論社/1957年)→『楢山節考』は文庫版(新潮文庫/1964年)あり

第5章

・穂村弘/寺田克也『課長』(ヒヨコ舎/2006年)
・クロード・アヴリーヌ『人間最後の言葉』(河盛好蔵・訳/筑摩書房/1963年)→現在は文庫版(ちくま文庫/1993年)あり
・マックス・エールリッヒ『巨眼』(清水俊二・訳/早川書房/1963年)

第6章

・アルチュール・ランボオ『地獄の季節』(原書は1873年発表)→現在は岩波文庫(小林秀雄・訳/1938年)等あり
・井伏鱒二『井伏鱒二自選全集』(新潮社/1985年)
・水木しげる『河童の三平』貸本版(兎月書房/1961年~62年)→現在は『河童の三平 貸本まんが復刻版』上中

下（角川文庫／2011年）等あり

・水木しげる『悪魔くん』貸本版（東考社／1963年～64年）→現在は『貸本まんが復刻版　悪魔くん』（角川文庫／2010年）等あり

第8章

・最相葉月『星新一　一〇〇一話をつくった人』（新潮社／2007年）→現在は文庫版上下巻（新潮文庫／2010年）あり

・星新一『星新一ショートショートセレクション』全15巻（理論社／2013年）

・半村良「雨やどり」（『雨やどり―新宿馬鹿物語1』収録／河出書房新社／1975年）→現在は文庫版『雨やどり』（集英社文庫／1990年）等あり

・藤枝静男『田紳有楽』（講談社／1976年）→現在は『田紳有楽・空気頭』（講談社文芸文庫／1990年）あり

・江戸川乱歩『貼雑年譜』（講談社／1989年）

・春日武彦『鬱屈精神科医、お祓いを試みる』（太田出版／2017年）

第9章

・藤枝静男『欣求浄土』（講談社／1970年）→現在は『悲しいだけ・欣求浄土』（講談社文芸文庫／1988年）あり

・フィリップ・K・ディック「探検隊はおれたちだ」（仁賀克雄・訳／ちくま文庫『ウォー・ゲーム――フィリップ・K・ディック短篇集2』収録／1992年）

・丹波哲郎『大霊界　死んだらどうなる』（学習研究社／1987年）

・ダンテ『神曲　地獄篇』（14世紀）→現在は河出文庫（平川祐弘・訳／2008年）他多数あり

・森敦『浄土』（講談社、1989年）→現在は文庫版（講談社文芸文庫／1996年）あり

・ジャック・フィニイ「死人のポケットの中には」(福島正実・訳/『異色作家短編集 第3巻 レベル3』収録/早川書房、1961年)

第10章

・スティーヴン・キング『キャリー』(永井淳・訳/新潮社、1975年)→現在は文庫版(新潮文庫/1985年)あり

第11章

・『本の雑誌』2016年8月号「特集:さよなら、吉野朔実」(本の雑誌社)
・春日武彦『猫と偶然』(作品社/2019年)
・雨宮まみ『女子をこじらせて』(ポット出版/2011年)→現在は文庫版(幻冬舎文庫、2015年)あり
・雨宮まみ『東京を生きる』(大和書房/2015年)
・小沼丹「小さな手袋/珈琲挽き」(みすず書房/2002年)→現在は『珈琲挽き』(講談社文芸文庫/2014年)にも収録
・『漫画原作者・狩撫麻礼 1979-2018《そうだ、起ち上がれ!! GET UP, STAND UP!!》』(狩撫麻礼を偲ぶ会・編/双葉社/2019年)

終章

・ウジェーヌ・イヨネスコ『雑記帳』(大久保輝臣・訳/朝日出版社/1971年)
・フレデリック・ポール『ゲイトウエイ』(矢野徹・訳/早川書房/1980年)
・グレアム・グリーン『グレアム・グリーン自伝』(田中西二郎・訳/早川書房/1974年)
・吉野朔実『少年は荒野をめざす』(集英社/1985年~87年)→現在は文庫版(集英社文庫)等あり

本文中で紹介した短歌

第4章

・〈革命歌作詞家に凭りかかられてすこしづつ液化してゆくピアノ〉（塚本邦雄／『水葬物語』収録／1951年）
・〈日本脱出したし　皇帝ペンギンも皇帝ペンギン飼育係りも〉（塚本邦雄／『日本人靈歌』／1958年）
・〈イヌネコと蔑して言ふがイヌネコは一切無所有の生を完うす〉（奥村晃作／『鴇色ときいろの足』収録／本阿弥書店／1988年）

第5章

・〈散るをいとふ世にも人にもさきがけて散るこそ花と吹く小夜嵐〉（三島由紀夫／1970年）
・〈八月に私は死ぬのか朝夕のわかちもわかぬ蝉の声降る〉
・〈手をのべてあなたとあなたに触れたきに息が足りないこの世の息が〉（以上 河野裕子／『蟬声』収録／青磁社／2011年）
・〈四月七日午後の日広くまぶしかりゆれゆく如くゆれ来る如し〉（窪田空穂／『清明の節』収録／1968年）

第6章

・〈オルゴールが曲の途中で終わってもかまわないのだむしろ普通〉（穂村弘／『水中翼船炎上中』収録／講談社／2018年）
・〈ウエディングヴェール剥ぐ朝静電気よ一円硬貨色の空に散れ〉
・〈雄の光・雌の光がやりまくる赤道直下鮫抱きしめろ〉（以上 穂村弘／『シンジケート』収録／沖積舎／

1990年）→現在は新装版（講談社／2021年）あり
・〈校庭の地ならし用のローラーに座れば世界中が夕焼け〉（穂村弘／『ドライ　ドライ　アイス』収録／沖積舎、／1992年）

第7章

・〈ああこんなことってあるか死はこちらむいててほしい阿婆世といへど〉（岡井隆／未来短歌会『未来』2020年6月号収録）

第9章

・〈葱の葉に葱色の雨ふっていて死後とはなにも見えなくなること〉（杉﨑恒夫／不明）
・〈わが死後の空の青さを思いつつ誰かの死後の空しかしらず〉（内山晶太／『窓、その他』収録／六花書林／2012年）
・〈ゴキブリは天にもをりと思へる夜　神よつめたき手を貸したまへ〉（葛原妙子／『朱霊』収録／白玉書房／1970年）
・〈死後の世にもビニールありて季来れば寒風に青くはためいてゐる〉（林和清／『匿名の森』収録／砂子屋書房／2006年）
・〈彼の岸に到りしのちはまどかにて男女のけじめも無けむ〉（斎藤茂吉／『暁紅』収録／岩波書店／1940年）
・〈男でも女でもないまるめろのかがやく園と思えり死後を〉（佐藤弓生／『薄い街』収録／沖積舎／2010年）
・〈たまきはる命をはりし後世に砂に生れて我はいるべし〉（斎藤茂吉／『ともしび』収録／岩波書店／1950年）

第10章

・〈通訳も翻訳も資格を取ったれどそこがゴールで実践なきわれ〉(石田恵子／日本経済新聞)

第11章

・〈底知れぬ謎に対ひてあるごとし／死児のひたひに／またも手をやる〉(石川啄木／『一握の砂』収録／東雲堂書店／1910年)↓現在は新潮文庫『一握の砂・悲しき玩具―石川啄木歌集―』(1952年)等あり

第12章

・〈片脚のなき鳩ありて脚のなきことを思わぬごとく歩きぬ〉(島田幸典／『駅程』収録／砂子屋書房／2015年)

・〈動物は何も言わずに死んでゆく人間だけがとてもうるさい〉(木下龍也／穂村弘『短歌ください　その二』収録／KADOKAWA／2014年)↓現在は文庫版『短歌ください　明日でイエスは2010才篇』／角川文庫／2020年)あり

・〈番号を耳にかゝれてうごめけり信号まちのトラックの豚〉(弘津敦子／日本経済新聞)

・〈トラックの牛はよぎりつ街中を吸込むやうな瞳のこして〉(石塚令子／日本経済新聞)

・〈肉食べて革靴履いてミルク飲み生きた牛には近づかぬ我〉(岩間啓二／日本経済新聞)

・〈私の排泄物が私より遠くへ旅をする新幹線〉(奥村知世／日本経済新聞)

あとがき　春日武彦

歳のせいか、夜中に一度は小用で目を覚ます。活動時間帯が異なるので妻とは寝室が別々になっている。つまり真っ暗な中で、独りで目を覚ます。大概は眠くてぼんやりしているが、たまに強い不安に襲われる。人生のこと、将来のこと。そしてもちろん死について。

死にたくない、と無理難題を言いたいわけではない。死後どうなるかが気にはなるけれど、それも今はどうにもならない。ただし、嘘でもいいから死について何かイメージを持っていないと居心地が悪い。地獄は嫌だし、天国は退屈そうだし、転生輪廻も面倒くさい。無になるというのはわけがわからない。

最近思いついたのは、絵の中に逃げ込むという空想である。

河鍋暁斎（1831～89）が明治3年に化け猫の絵（「惺々狂斎画帖 第十三図 化猫」・表紙参照）を描いている。草むらから、イナバの物置よりも大きな顔の猫がぬうっと顔を出している。それに出遭った2人の男（おそらく旅人）が驚愕し、1人は頭を抱えてうずくまり、もう1人は叫び声をあげながら体を大げさに仰け反らせている。よく見れば猫に悪意はなさそうで、しかしまあこの巨大さでは誰だってうろたえるだろう。
わたしは死んだらこの絵の中にすうっと入り込み、叫び声を上げている男と並んで仰け反っていたいのだ。デュオの歌手の振り付けみたいに、2人揃って間抜けな姿で未来永劫化け猫の前で仰け反りつづける。意味なんかないが、そんな状態を思い描くと何だか救われた気になる。驚いたふりをしつつ、実は化け猫と馴れ合っていたいのである。現在はその予行演習として、飼い猫の〈ねごと〉とつるんでいる。これもまた、死の準備ということになろうか。

穂村さんとはすでに対談集を一冊上梓しているし、トークショーは何度も行っているし、とにかく一緒にいて楽しい。ヘタレ系ひとりっ子同士というのも関係しているだろう。今回もいろいろ実りのある話ができて嬉しい。ニコ・ニコルソンさんも対談には同席してくださり、「なるほどねえ」と感心する絵を描いてくださった。拙宅の内部は、まさに絵の通りです。脱線しがちな会話を首尾よくまとめてくれた辻本力さん、企画から監督まで尽力してくれたイースト・プレスの穂原俊二さんにも頭が上がらない。そして読者のみなさんにも、御礼を申し上げたい。付き合ってくれてありがとう。

あとがき　穂村 弘

本書の対談のために月に一度、三鷹駅でニコ・ニコルソンさん、辻本力さん、穂原俊二さんと待ち合わせて春日先生のお宅へ伺った。古いマンションの扉を開けると、中は別世界。何しろ「ブルックリンの古い印刷工場を改装して住んでいる辛辣なコラムニストの棲み処」というコンセプトで、徹底的に作り込まれた空間なのだ。そんな注文を建築家に本気で伝えてしまう春日先生の少年度の高さにびびる。

「先生、『辛辣な』って、ほんとに云ったんですか」

「うん、云ったよ」

うーん、でも、確かにそういう細部のニュアンスが大事なのかもしれない。「辛辣なコラムニスト」の部屋と「人情派のコラムニスト」の部屋は、きっと雰囲気が違うんだろう。

その結果生まれた異空間に入ってゆくのは、ほとんど映画の中に身を置くような感覚だ。快適なソファに身を委ねて「死」という非日常的なテーマについて語り合う時間は楽しかった。子どもの頃は私も真剣に「死」について考えたことがある。でも、いつの間にか、その習慣が失われた。「死」はどうせわからない。それよりも目先のことを何とかしないと。そんな気分に流されて、直視するのを避けてきた。

でも、仮に「死」そのものが不可知だとしても、それについて考えることは「生」の意味を問うことになるんじゃないか。あらためて、そう感じた。しかも相手は春日先生。産婦人科医から精神科医に転じた先生は、或る意味では「生」と「死」の現場を知る専門家だと思う。でも、実際に話すと、その口からはヤバい小説や映画などからの引用がどんどん出てくるのだった。

みんなで1時間くらい喋っていると、だんだん雑談に近づいてゆく。その頃、この家の飼い猫である「ねごと」ちゃんが姿を現す。いつも最初は隠れているのだ。それを機に話の流れが変わることもある。いったん仲間入りすると、彼女は人懐っこい。話を聞いているようないないような顔で、人々の周りを回っている。コロナ禍のさなかに、不思議な部屋で交わされる人間たちの会話。それを横で聞きながら彼女は何を思ったのか。尋ねてももちろん答えは返って来ない。「死」のことも「生」のことも、何一つ思い煩うことのない命の塊。「ねごと」ちゃんに、履いているスリッパでばりばりと爪研ぎをされながら、私は痺れるような幸福を感じていた。

春日武彦

（かすが・たけひこ）１９５１年京都府生。産婦人科医を経て精神科医に。現在も臨床に携わりながら執筆活動を続ける。著書に『幸福論』（講談社）、『精神科医は腹の底で何を考えているか』（幻冬舎）、『無意味なものと不気味なもの』（文藝春秋）、『鬱屈精神科医、占いにすがる』（太田出版）、『私家版 精神医学事典』（河出書房新社）、『はじめての精神科 第3版』（医学書院）、『猫と偶然』（作品社）、『鬱屈精神科医、怪物人間とひきこもる』（キネマ旬報社）など多数。穂村弘との共著に『秘密と友情』（新潮社）がある。

穂村弘

（ほむら・ひろし）１９６２年北海道生まれ。歌人。90年、『シンジケート』でデビュー。現代短歌を代表する歌人として活動するとともに、エッセイ、評論、絵本、翻訳などを手がける。『短歌の友人』で第19回伊藤整文学賞、『鳥肌が』で第33回講談社エッセイ賞、『水中翼船炎上中』で第23回若山牧水賞を受賞。他に『ラインマーカーズ』『手紙魔まみ、夏の引越し（ウサギ連れ）』『世界音痴』『現実入門』『にょっ記』『絶叫委員会』など多数。２０２１年、『シンジケート 新装版』（ヒグチユウコ絵、名久井直子装丁、高橋源一郎解説）を刊行。

ニコ・ニコルソン

宮城県出身。マンガ家。２００８年『上京さん』（ソニー・マガジンズ）でデビュー。『ナガサレールイエタテール』（第16回文化庁メディア芸術祭マンガ部門審査委員会推薦作品）、『でんぐばんぐ』（以上、太田出版）、『わたしのお婆ちゃん』（講談社）、『婆ボケはじめ、犬を飼う』（ぶんか社）、『根本敬ゲルニカ計画』（美術出版社）、『アルキメデスのお風呂』（KADOKAWA）、『マンガ 認知症』（佐藤眞一との共著・筑摩書房）など多数。

構成　辻本 力
漫画&イラストレーション　ニコ・ニコルソン
ブックデザイン　鈴木成一デザイン室
本文DTP　小林寛子
校正　東京出版サービスセンター
協力　宮田文郎
碇雪恵

ネコは言っている、ここで死ぬ定めではないと

二〇二一年七月二一日　初版第一刷発行

著者　春日武彦
穂村弘
ニコ・ニコルソン

編集発行人　穂原俊二

発行所　株式会社イースト・プレス
〒一〇一-〇〇五一
東京都千代田区神田神保町二-四-七　久月神田ビル
電話〇三-五二一三-四七〇〇
ファクス〇三-五二一三-四七〇一
https://www.eastpress.co.jp

印刷所　中央精版印刷株式会社

ISBN978-4-7816-1997-2 C0095